흑설탕이 아니라
마스코바도

따비음식學 **003**

흑설탕이 아니라
마스코바도

엄은희 지음

필리핀 빈농의 설탕이 공정무역 상품이 되기까지

따비

차례

1장

'마스코바도'를
아십니까?

가와기타 미노루가 쓴 《설탕의 세계사》에 따르면, 설탕은 최초의 세계상품이다. 설탕은 전 세계
인이 좋아하는 것이자, 근대 초기부터 세계적으로 널리 거래된 상품이다. 가와기타 미노루는
16세기 이래 근대의 역사는 곧 세계상품에 대한 패권을 놓고 유럽 열강들 간 치열한 경쟁의 역
사였으며, 설탕은 소위 세계를 추동해온 첫 번째 세계상품이라고 설명한다.

마스코바도가 무엇인지 아는 사람이 얼마나 될까? 이 이름이 낯설지 않다면 당신은 아마도 소비자생활협동조합(이하 생협) 조합원이거나 아니면 가족 중 누군가가 생협 조합원일 가능성이 높다. 한국을 대표하는 네 개의 주요 생협(두레생협, iCOOP생협, 한살림, 행복중심생협) 조합원 수는 약 100만 명에 달하는데(2017년 말 기준), 이 중에는 장바구니에 마스코바도를 넣어본 적이 있는 사람들이 상당할 것이다.*

필리핀산 비정제설탕인 마스코바도는 한국의 생협 진영에서 아주 중요한 공정무역 상품이다. 공정무역은 주로 커피, 초콜릿, 차 등 기호품에 국한될 것 같지만, 공정무역 총 매출량에서 마스코바도가 차지하는 비중은 15~20% 정도로 매우 높다. 먹거리 안전, 친

---

* 조합원 수가 가장 많은 한살림의 경우, 국내 유사상품(조청, 꿀) 생산자를 보호하기 위한 정책적 차원에서 오랫동안 마스코바도를 비롯한 공정무역 상품을 취급하지 않았다. 그런데 조합원 내 요구가 많아지면서 2017년 8월 두레생협, 한국대학생생협, 행복중심생협과 함께 '피플스페어트리에드협동조합'을 출범시켰는데, 이는 그동안 공정무역을 거부했던 한살림에서도 공정무역이 시작됐다는 신호로 받아들일 수 있겠다(《라이프인》 2017/08/23). 한살림이 공정무역 상품을 조합원에게 공급하기 시작한 지 채 1년이 안 됐기 때문에 이것이 한국의 공정무역 판도에 어떤 영향을 끼쳤는지는 아직 집계된 바 없다. 하지만 높은 신뢰도와 재구매율을 갖춘 한살림이 공정무역에 참여하게 된 것을 매우 환영하며, 궁극적으로 이들의 결정이 한국의 공정무역 판도에도 긍정적인 영향을 미치리라고 기대한다.

환경 농업인들과의 상생을 중요시하는 생협 조합원들은 대체로 충성도 높은 우량 소비자들이며, 특정 시기에 마스코바도를 집중 구매하는 경향을 보인다. 바로 매실청을 담그는 시기다. 매년 5~6월이면 생협 조합원들은 한국 농민이 생산한 청매실과 필리핀 농민이 생산한 마스코바도를 공동 구매해, 가정식 소화제이자 청량음료 원액인 매실청을 만들곤 한다.

그럼에도 한국사회 일반에서 '마스코바도'는 여전히 낯선 이름이다. 설탕이 다 거기서 거기지, 괜히 외국어 이름을 그대로 쓰고 유기농 꼬리표 좀 달았다고 더 비싼 값을 매기려는 속셈 아니겠나 생각하는 이들이 꽤 많을 것이다. 시중 가격을 살펴보면 아주 틀린 말은 아니다. 한국 제당기업들이 판매하는 백설탕 가격은 500그램에 1,300원 안팎인 데 반해 공정무역 전문업체(가령 아름다운커피)나 생협이 판매하는 공정무역/유기농 설탕은 같은 중량에 2,200~3,000원 정도다. 공정무역 프리미엄에 유기농 인증을 받았다는 이유로 시중 가격의 1.5~2배가 책정된 것이다(2018년 6월 기준). 이런 상황이지만, 나는 말하고 싶다. 당신이 사게 될 공정무역 상품 마스코바도는 생산지에서 구체적으로 다른 결과를 만들어낸다고.

내가 이 책에서 설명하고 싶은 것 중 하나도 이 '구체적으로 다른 결과'다. 어떻게 다른 결과가 빚어지는지를 설명하기 위해서는 물론 마스코바도를 비롯한 필리핀 설탕을 둘러싼 역사, 지리, 그리고 그것을 생산하고 소비하는 사람들의 관계를 조망해야 한다. 그렇다면 본론에 들어가기 앞서 마스코바도에 대한 기초적인 이해를 쌓아보자.

설탕계의 현미, 마스코바도

'마스코바도mascovado/muscovado'라는 이름은 '원재료raw' 혹은 '정제되지 않은unrefined'을 의미한다고 알려져 있다. 스페인어에서 비롯된 단어처럼 보이지만, 사실 정확한 유래를 알기는 어렵다. 필리핀에서 만난 한 마스코바도 생산자는 이 단어가 근육muscle에서 유래했다고 자랑스럽게 말하기도 했다. 자신이 생산하는 제품이 건강한 것이라는 자긍심이 묻어난 말일 수도 있고, 예나 지금이나 설탕 일은 고되다는 사실을 에둘러 표현한 말일 수도 있다. 이 마스코바도는 시중에서 흔히 볼 수 있는 황설탕이나 백설탕에 비해 색깔이 짙고, 입자가 굵으며, 일정량의 수분을 함유하고 있어 약간 끈적거린다.

마스코바도를 설명하기 전에 우리에게 익숙한 설탕에 대해 먼저 알아보자. 설탕은 열대지방의 사탕수수(85~90%)와 온대지방의 사탕무(7~8%)를 주원료로 만들어지는데, 사탕수수에서 설탕을 추출하는 과정은 생각보다 간단하다. 잘 자란 사탕수수를 잘라 수액(즙)을 추출한 다음, 이를 고온에 끓인다. 이때 중요한 것은 적절한 시점에 불을 빼고 결정화시키는 작업이다. 끓이는 과정에서는 흡착, 여과, 포집 등 비화학적 기술을 활용해 설탕의 순도를 높이는 작업을 거친다. 이 과정은 물리적 전환일 뿐, 화학적 변화를 수반하지는 않는다. 즉 설탕 제조 공정은 기본적으로 착즙 → 가열 농축(+불순물 제거) → 건조 및 결정화 → 소분 및 포장으로 구성된다.

그렇지만 우리가 시중에서 접하는 설탕은 〈그림 1-1〉과 같이 복잡한 공정을 거쳐 만들어진다. 공정에 따라 설탕은 대규모 혼합기, 용해탱크, 활성탄탑, 이온교환수지, 농축기, 결정관, 로터리 건조기 등 이름부터 생소한 온갖 기계를 거친 끝에 대량 생산된다. 복잡한 기계 장치만 보면 흡사 화학공장 같지만, 이 공정은 전부 사탕수수와 사탕무에서 추출한 원당에 함유된 2%가량의 불순물을 제거하기 위한 과정으로, 사탕수수와 설탕 사이에 화학적 차이는 없다.

최근 건강한 식생활에 대한 관심이 높아지면서 쌀, 소금, 밀가루 등에서 흰색을 꺼리는 경향이 있다. 흰색은 정제 혹은 가공을 많이 했다거나 표백한 것이라는 의심을 받기 때문이다. 따라서 백미보다는 현미가, 정제염보다는 천일염이, 백밀가루보다는 통밀가루가 좀 더 건강한 식품이라 여겨진다. 그렇다면 설탕은 어떨까? 같은 논리에 따라 백설탕보다는 황설탕이, 황설탕보다는 흑설탕이

그림 1-1 일반 설탕의 제조공정

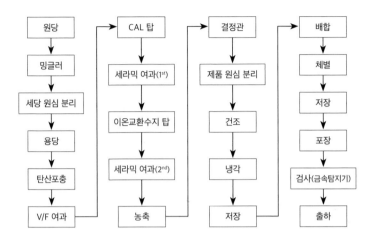

출처: 정상원(2017: 29)

더 나은 것일까? 결론부터 말하자면 백설탕은 오히려 황설탕이나 흑설탕보다 '덜' 가공된다.

백설탕은 앞서 설명한 공정에서 활성탄 흡착, 원심 분리, 이온교환수지를 거쳐 수액에 포함된 불순물이 제거된 순수한 흰색 결정체다. 그런데 정제시설에서는 더 많은 설탕을 얻기 위해 결정화 공정에서 회수된 수액으로 가공 공정을 수차례 되풀이한다. 이 과정에서 일종의 캐러멜화*가 진행되는데, 이 상태에서 결정화되면 갈

* 캐러멜은 설탕을 가열할 때 발생하는 고분자 색소물질이다. 고유한 색과 향을 갖지만 영양적 측면에서는 설탕과 동일하며, 유해하다고 볼 이유도 없다(정상원 2017).

색을 띤 설탕이 나온다. 추억의 길거리음식인 '달고나'를 떠올리면 이해하기 쉽다. 국자에 한가득 담긴 흰 설탕은 열을 가함에 따라 투명하게 녹다가 차츰 갈색으로 변하기 시작한다. 불 위에서 내려 굳힌 과자가 완연한 갈색을 띤다는 사실은 달고나를 먹어본 이라면 누구나 알 것이다. 더 직접적으로 설명하면 백설탕은 흰밥, 황설탕은 누룽지다(정상원 2007). 요컨대 황설탕이 건강에 더 좋을 것이며, 백설탕은 백미나 백밀가루처럼 덜 건강한 식품이라는 오해는 빨리 잊는 것이 좋겠다.

그렇다면 설탕계의 현미는 존재하지 않는 걸까? 물론 있다. 바로 마스코바도다. 마스코바도는 사탕수수를 원료로 하며, 거대 공장만큼은 아니지만 설탕 제조 공정의 핵심, 즉 착즙에서부터 가열 농축(+불순물 제거), 결정화, 건조, 파쇄에 이르는 과정은 동일하다. 현대식 제당 공정은 정제 수준을 높여 순도 높은 설탕의 대량 생산을 목적으로 한다. 그런데 이 정제 과정에서 불순물로 분류되는 것들 중에는 수확 및 운반 과정에서 혼입된 유해물질도 있지만, 사탕수수에 포함된 미량의 영양물질도 있다. 이러한 영양물질은 곱고 일관적인 설탕 입자가 만들어지는 것을 방해하는 당밀molasses 형태를 취하고 있어, 대량 생산 공정에서는 이를 제거하고 순수 자당 sucrose을 추출해낸다. 이것이 백설탕을 만드는 근대식 설탕공장의 핵심적인 기능이다. 이에 반해 비정제설탕은 제조 공정에서 불순물을 제거하되, 대형 공장에서와 같은 당밀 제거 과정을 거치지 않기 때문에 사탕수수에 함유된 영양물질(미네랄, 폴리코사놀 등으로 주로 당밀 형태다)이 고스란히 남아 있다. 그래서 한자로 표기할 때, 비정제설탕은 당밀을 포함하고 있다는 뜻에서 함밀당含蜜糖, 기계로 가공해 당밀이 제거된 설탕(주로 백설탕)은 분밀당分蜜糖이라 한다.

사탕수수 재배가 불가능한 온대지방 국가들은 주로 열대지방에서 1차 가공된 분밀당을 수입해 자국의 선진화된 정제시설에서 순도 높은 정제당精製糖을 만드는 과정을 거친다. 때문에 한국의 설탕 공장에는 정제 공정만 있을 뿐, 농작물에서 수액을 추출하거나 이를 끓여 결정화하는 공정 등은 없다. 요컨대 함밀당에 속하는 비정제설탕은 근대적인 기계 정제 방식이 일반화된 선진국이 아니라, 사탕수수를 직접 재배하고 당밀을 제거하지 않는 전통적인 방식의 설탕 생산이 가능한 곳에서만 만들 수 있다. 온대지방에서도 비정제설탕을 직접 만들려면 열대지방 국가에서 1차 가공된 분밀당 대신 사탕수수부터 수입하면 된다. 그렇지만 사탕수수는 수확 후 48시간 내에 착즙해야 신선도를 유지할 수 있을뿐더러, 상업적 규모로 수입하기에는 수지타산이 맞지 않을 것이다. 즉 한국 소비자들이 '설탕계의 현미'라 할 수 있는 마스코바도를 맛보고 싶다면, 남아 있는 유일한 방법은 수입이다.

설탕이 세계적인 교역품이 된 이래 제당 기술은 정제 기술을 향상시키는 방향으로 발전해왔다. 이 과정에서 자연히 순백색에 가까운 설탕이 '고급 설탕'이라 인정받아왔고, 정제 기술은 점점 더 기계의 힘을 빌리며 규모화·현대화됐다. 전통적인 설탕 생산 방식은 점차 자취를 감추었다. 사실 엄밀히 따지자면 정제 없이는 설탕을 만들 수 없다. 그런 점에서 비정제설탕은 '정제하지 않은' 설탕이 아니라 '기계식 정제를 하지 않은' 설탕이라 보는 것이 더 합당하다. 최근 한국에 번역된《농민과 농업》에서도 볼 수 있듯이, 기계화된 산업농업이 생산성과 수익성을 앞세우며 일반화되더라도 세계의 소농은 결코 사라지지 않았다. 이와 유사하게, 매우 고전적인 단순 설비만 갖춘 전통적인 제당 방식도 완전히 사라지지 않았다. 세계의 소규모 사탕수수 농민공동체를 중심으로 여전히 전통 방식을 고수하는 이들은 끈질기게 살아남았다.

이렇게 실핏줄처럼 명맥을 이어온 비정제설탕은 비단 필리핀만이 아니라 사탕수수 재배가 가능한 대부분의 열대지방에서 발견된다. 다만 지역에 따라 이름이 다르게 붙여졌다. 필리핀에서는 마스코바도, 인도에서는 재거리Jaggery, 방글라데시에서는 거르Gur, 콜롬비아에서는 타넬라Tanela 등으로 불린다. 정리하면, 마스코바도는 다양한 열대 국가에서 전통적인 방식으로 만들어지는 함밀당 중에서도 필리핀에서 생산된 비정제설탕을 통칭하는 이름이다.

세계 속의 설탕, 한국의 설탕

식량농업기구FAO에 따르면 세계 사탕수수 생산량은 1억 8,840만 톤, 사탕무 생산량은 2,007만 톤이다(2014년 기준). 국제 농업의 측면에서 봤을 때, 이 둘의 생산량은 우리에게 익숙한 잡곡인 보리의 생산량보다도 훨씬 많다. 그런데 사탕수수는 식용 설탕 원료, 즉 원당으로만 쓰이는 것이 아니라 바이오에탄올 원료로도 쓰인다(원당을 기준으로 하면 생산량이 1억 7,000만 톤 정도로 줄어든다). 식용 설탕보다 바이오에탄올의 시장가격이 더 높기 때문에 이를 위한 생산 및 투자가 늘고 있기 때문이다.

세계에서 사탕수수를 가장 많이 생산하는 나라는 브라질로, 세계 총 생산량의 절반 가까이(47%)를 차지한다. 16세기 포르투갈에 의해 대농장 방식의 사탕수수 재배가 시작된 이래 지금까지 브라질은 세계 설탕 생산 1위국의 지위를 놓친 적이 없다. 그런데 브라질 정부도 최근 사탕수수를 기반으로 한 바이오에탄올 생산에 관심이 많다. 세계 총 생산량의 47%에 달하는 사탕수수 생산량은 원당을 기준으로 하면 30%로 낮아진다. 그렇다면 나머지 17%는 바이오에탄올로 쓰였음을 짐작할 수 있는 대목이다. 물론 브라질을 비롯한 열대지방의 주요 설탕 생산국에서 재배된 사탕수수 중 얼마만큼이 식용 설탕이 될지, 얼마만큼이 연료용 바이오에탄올이 될지는 계속

바뀔 것이다. 우선 온대지방에서 재배하는 사탕무에 비해 열대지방에서 재배하는 사탕수수는 기후변화의 영향을 받을 가능성이 커, 생산량이 줄어들 수 있다(2015년 라니냐 여파로 2015/2016년 설탕 생산량이 큰 폭으로 줄었듯이). 또한 바이오에탄올로의 전용 가능성은 글로벌 유가 변동이나 바이오연료에 대한 투자 붐에 종속되기 때문에 변동성이 매우 크다. 따라서 연간 사탕수수 재배면적과 연간 설탕 생산량을 정확하게 예측하는 것은 늘 어렵다(FAO 2016).

한 가지 재미있는 사실. 규모는 크지 않지만 한국도 설탕 수출국이다. 심지어 최근 미국 농무성 자료(USDA 2018)에 따르면, 한국의 설탕 수출량은 아열대 사탕수수 재배국이자 이 책에서 다루는 필리핀보다도 높다(2014년 기준으로 한국은 36만 1,000톤을 수출했고, 필리핀은 22만 톤을 수출했다). 한국은 사탕수수가 자랄 수 없는 온대지역에 속하지만 대신 정제 기술이 좋고 원자재를 수입해 상품으로 만들어 수출하는 가공 무역에 특화되어 있다. 한국 제당기업들은 원당을 수입해 국내 정제시설에서 다양한 종류의 설탕을 생산한다. 여기서 국내 소비용과 비축분을 제외한 원당과 정제설탕을 수출하는데, 주된 수출 대상국은 이웃한 중국이다. 중국에서는 사탕수수도, 사탕무도 재배되지만(각각 세계 생산량 3위, 10위를 차지한다) 설탕 소비량이 워낙 많아 한국산 원당과 정제설탕까지 수입하는 것이다.

이제는 설탕을 부러 퍼 먹거나 기운을 차려야 한다며 설탕물을 꿀꺽꿀꺽 들이켜는 사람을 찾아보기 어렵지만, 예전에는 아주 드문 광경이 아니었다. 나 역시 대학시절 농촌활동 때, 한참 땀 흘려 일한 비닐하우스에서 설탕을 듬뿍 넣고 얼음을 동동 띄운 믹스커피를 양은주전자 한가득 만들어 사람들과 나눠 마신 기억이 있다. 그렇지만 그런 시대는 지나가버렸고, 설탕을 따로 먹는 일이 거의 없는 지금은 '식품'이기보다 '양념'으로 받아들여지곤 한다.

한국에서 1인당 연간 설탕 소비량은 약 26.3킬로그램이다(《연합뉴스》 2017/04/15). 하루 단위로 계산하면 약 60그램으로, 각설탕 20개 내외에 해당하는 양이다(참고로 한국영양학회는 하루에 60그램 이상의 설탕은 과잉 섭취로 규정하고 있다). 2010년과 비교하면 1킬로그램 정도가 줄어든 것인데, 같은 기간 1인당 하루 쌀 소비량이 169.3그램(《뉴시스》 2018/01/25)인 점을 고려하면 여전히 적지 않은 섭취량이다(밥 세 숟가락에 설탕 한 숟가락을 떠먹는 셈이다). 앞서 말했듯 설탕을 따로 먹는 경우는 거의 없지만 커피, 청량음료, 빵, 디저트 등을 통해 간접적으로 섭취하는 양이 많기 때문이다.

설탕이 비만과 당뇨의 주범으로 꾸준히 지목되면서 다양한 감미료—자일리톨, 시트러스 추출물, 스테비아 등—로 대체되고 있기는 하지만, 단맛에 대한 선호는 여전하다. 이은희(2018)가 잘 정리했듯, 19세기 말 개항으로 설탕을 처음 맛본 이래 한국인들은 지난 100년간 설탕에 꾸준히 길들여져왔다.* 설탕에 대한 사회적 인식은 통제권을 가진 세력에 의해 새롭게 규정되기도 했다. 조선시대 이전 왕가나 양반가에서만 설탕을 접하던 때에는 약재로 사용될 만큼 귀한 음식이었다. 그러던 것이 일제 강점기에는 '영양의 보고'로서 적극 권장된 반면, 태평양전쟁으로 전선이 확대되고 통제경제가 실시되던 때에는 '해로운 식품'인 설탕 소비를 자제하라는 명령이 떨어졌다. 해방 이후에는 미국(쿠바산) 설탕시장에 편입되는 과정에서 한국의 제당업이 육성됐으며, 이 시기 제당기업들은 재벌로 성장했다. 이처럼 한국 근현대사도 설탕을 통해 들여다보면 그동안 보이지 않던 새로운 논리와 관점을 얻을 수 있다.

설탕의 세계사

오늘날 세계는 복잡하고 중층적인 무역 네트워크로 연결되어 있다. '수출만이 살 길'이라는 구호와 함께 한국 사회도 1960년대 이후 전쟁의 폐허를 딛고 세계 무역 네트워크에 연계되기 시작

---

* 젊은 사학자 이은희는 한국 근현대사를 설탕을 중심으로 살펴봤는데, 다양한 사료를 바탕으로 한국인의 식생활에 설탕이 언제, 어떻게, 왜 들어왔는지를 세계사적 맥락과 한국사적 맥락을 엮어가며 설명하고 있다. 한국에서의 설탕 생산 및 소비에 대한 내용은《설탕, 근대의 혁명》(지식산업사, 2018)을 참고할 것.

했다. 한국 수출품이 대부분 공산품이어서 '수출품' 하면 반사적으로 기계, 자동차, 각종 생활용품 등을 떠올리지만, 사실 세계사적 맥락에서 무역의 기틀을 닦고 세계를 연결시킨 것은 향신료, 설탕, 커피, 담배, 차 같은 1차 농산품들이었다. 이러한 상품들은 오랜 기간 동안(오늘날까지도) 대체로 열대지방에서 생산되어 유럽과 북아메리카 지역에서 소비됐다. 가와기타 미노루가 쓴 《설탕의 세계사》에 따르면, 설탕은 최초의 세계상품이다. 설탕은 전 세계인이 좋아하는 것이자, 근대 초기부터 세계적으로 널리 거래된 상품이다. 가와기타 미노루는 16세기 이래 근대의 역사는 곧 세계상품에 대한 패권을 놓고 유럽 열강들 간 치열한 경쟁의 역사였으며, 설탕은 소위 세계를 추동해온 첫 번째 세계상품이라고 설명한다.

나는 커피나 설탕이 유럽의 행복을 위해서 꼭 있어야 하는 것인지는 잘 모르겠다. 그러나 이것이 지구상의 커다란 두 지역의 불행에 대해서 책임이 있다는 것은 잘 알고 있다. 아메리카는 경작할 땅으로 충당되느라 인구가 줄었으며, 아프리카는 그것들을 지배할 인력에 충당되느라 허덕였다.

J. H. 베르나르댕 드 생 피에르*

* 시드니 민츠, 《설탕과 권력》, 김문호 옮김, 지호, 1998에서 재인용.

이제는 널리 알려진 사실이지만 설탕이 세계상품으로 등장한 과정은 매우 폭력적이었을 뿐 아니라 생태적으로 커다란 변화를 가져왔다. 위 인용문대로, 아프리카 흑인들은 노예로 끌려와 비참한 조건 속에서 강제노역에 시달려야 했다. 다양한 생태종이 어울려 살던 열대우림은 대규모로 벌채됐다. 토착민 공동체의 땅은 강탈되어 대규모 플랜테이션으로 조성되면서 환경에 악영향을 끼쳤다. 설탕만이 아니다. 면화, 커피, 담배 등을 상업적으로 재배하기 위한 일련의 과정은 세계 곳곳의 환경과 인적 구성까지 바꿔버렸다.

세계적으로 거래되기 시작했을 때만 해도 설탕은 매우 소중한 물품이었다. 중세시대 이슬람과 유럽에서 설탕은 결핵 치료 등 10여 가지 효능을 지닌 약재로 쓰였다(가와기타 미노루 2003: 18). 좀더 본격적인 상업 거래 품목으로 등장한 이후로도 오랫동안 설탕은 상류층만이 향유할 수 있는 값비싼 물품이었다. 하지만 17세기 중반 이후 유럽 사회에서 설탕의 의미와 용도는 크게 변화했다. 설탕은 더 이상 상류층이 독점하는 것이 아니라, 일반인들도 폭넓게 사용하는 것이 됐다. 커피, 즉 설탕을 듬뿍 넣은 커피와 함께 상류층 사이에서 사교의 매개체로 기능했던 설탕은 17세기 이후 서민의 식탁에 오를 만큼 일상적인 품목으로 변화하기 시작한 것이다.

18세기 국제 설탕산업은 유럽, 특히 영국의 산업화 및 자본주의화와 관련이 깊다. 설탕이 영국에 최초로 상륙한 것은 서기 1100년경으로 알려져 있다. 영국인들은 설탕을 맛보고 싶어했고, 설탕을 통해 스스로를 과시하고 싶어했다. 1650년경 영국 귀족들은 이미 상습적인 설탕 소비자들이 되어 있었는데, 그럼에도 여전히 설탕은 의약품이었다. 다만 문학작품에 사랑이나 달콤함을 드러내는 상징물로 이용되기 시작했으며, 설탕공예 등을 통해 신분을 나타내는 상징물로 이용되기도 했다. 1800년대에는 (아직 저렴하지는 않았지만) 거의 대부분의 영국인이 식탁에 올리는 필수품이 된 데 이어, 1900년경에는 영국인이 하루에 섭취하는 열량의 거의 5분의 1을 설탕이 차지하는 정도에 이르렀다.

이렇듯 유럽인들의 식탁에서 빵과 설탕을 곁들인 차는 산업화 시기를 거치며 부자들의 호사품에서 가난한 이들의 식사로 변모했다. 상류층의 방식을 따라 하고픈 '사회적 모방'은 설탕의 대중화를 설명하는 한 이유다. 그렇지만 빵과 차는 부자들의 식탁에서야 부수적인 것이었지만, 가난한 이들에게는 그것이 전부였다. 이들에게 빵과 차는 목숨을 부지하기 위해 기댈 수 있는 가장 값싼 식품이었다. 빵집에서 파는 빵과, 끓인 물만 있으면 되는 차로 구성된 식사는 준비하는 데 시간이 거의 필요치 않아 노동계층에까지 빠르게 확산될 수 있었다.*

설탕의 대중화, 즉 설탕이 사치품에서 생필품이 되는 과정은 서

23

양의 '발전', (사회정치적 측면에서) 근대로의 이행과 (경제적 측면에서) 세계 자본주의의 생산성 증대와 깊이 관련되어 있다. 그런데 영국 및 유럽의 발전 이면에는 이들에게 설탕, 당밀, 럼 등을 공급하던 다른 세계의 '저발전'이 존재한다. 사탕수수를 재배하고 설탕을 생산하는 곳에서는 노예노동의 착취와 대규모 단작 플랜테이션과 같은 독특한 생산체제가 자리하고 있었다. 이처럼 유럽 제국의 경제적 성취와 산업사회로의 전환은, 노예무역을 비롯해 아메리카·아시아 식민지에서의 착취와 재농업화re-ruralization에 빚지고 있는 셈이다. 다시 말해 근대 자본주의 체제의 발생은 봉건체제 붕괴와 새로운 세계 무역체제 형성의 동시적 과정을 수반하며, 이를 뒷받침했던 것은 "설탕 플랜테이션-노예제도-노예무역 시스템"이었다(곽문환 2004). 시드니 민츠의 역작《설탕과 권력》은 이 과정을 다음과 같이 설명한다.

18~19세기 유럽에서 식사 형태와 소비 형태의 [설탕으로 인한] 심각한 변화들은 임의적이거나 우발적인 것이 아니라, 근대 자본주의

---

* (앞쪽) 설탕의 역사에서 영국의 역할은 지대하며, 동시에 영국인들의 식습관에 설탕이 미친 영향은 매우 컸다. 영국에서의 설탕 소비는 두 차례 커다란 역사적 변곡점이 있었다. 1750년경 이후 영국인들 다수가 설탕을 넣은 차를 마시기 시작했고, 노동계층을 중심으로 시럽 형태의 당밀 소비가 확산됐다. 1850년대 이후에는 그야말로 설탕의 대량 소비가 시작되었다. 남녀노소, 빈부귀천을 막론하고 설탕을 알게 됐으며, 설탕을 찾아 먹기 시작했다.

라고 하는 '하나의 세계 경제a world economy'를 만들어낸 동일한 계기의 직접적인 결과들이었다. 하나의 세계는 중앙 본국들과 그들의 식민지 및 위성국들 사이의 불균등적인 관계들을 만들어내고, 기술적인 측면과 노동력 측면 모두에서 매우 생산적이고 분배적인 장치인 근대 자본주의 체제를 만들어냈다.

사탕수수의 입장에서 정리하면, 설탕의 원재료인 이 작물은 남태평양 뉴기니가 원산지로, 기원전 8000년경에 이 섬을 벗어나 퍼져나가기 시작했으며, 기원전 6000년경에는 필리핀, 인도네시아, 인도까지 전파된 것으로 파악된다. 사탕수수의 즙을 취하는 것을 넘어 고체 형태의 설탕을 만드는 방법은 인도에서 처음 개발됐는데, 이는 곧 이슬람 상인과 유럽인들에게 '가치 있는 농산품'이 되었다. 설탕을 얻고자 유럽인들은 더 열심히 배를 타고 밖으로 나왔고, 아열대·열대 지역에서 직접 사탕수수를 재배했다. 처음엔 지중해에서, 그다음엔 아프리카 동부의 작은 섬들에서, 마침내는 대서양 건너 카리브해와 남아메리카 대륙에서 노예노동에 기초한 사탕수수 플랜테이션을 만들어냈다. 노예노동이 금지된 이후에는 '쿨리Coolie'라 불리는 아시아 계약노동자들이 노예를 대신해 설탕(과 기타 글로벌 환금작물들) 생산에 동원됐다.* 필리핀 등 동남아시아 국가와 하와이의 사탕수수 대농장들이 이들에 의해 만들어졌다. 이것이 작물로서의 사탕수수, 이를 원료로 한 설탕이라는 식품을 만들어내는 근대적 방법이 뉴기니를 출발점으로 서쪽을 향해 지구를 한 바퀴 돌아낸 과정이다.

필리핀에서의 설탕의 의미

시드니 민츠의 《설탕과 권력》와 가와기타 미노루의 《설탕의 세계사》 등 설탕에 대한 역사적 접근, 혹은 설탕을 통해 재해석된 세계사를 주제로 한 책들은 대부분 유럽, 아프리카, 아메리카를 다룬다. 설탕 산지(중·남아메리카)와 설탕을 생산했던 노예들의 출신지(아프리카), 그리고 설탕의 주 소비처(유럽, 특히 영국) 사이에 자리한 대서양을 중심으로 커다란 삼각형으로 이어진 무역 형태가 16세기 중상주의에 기초한 유럽 제국의 식민지 개척 역사의 앞자리를 차지하고 있다. 이처럼 세계 설탕의 교역사는 중심부 유럽과 주변부 아메리카를 중심으로 서술된다.

이런 맥락에서 필리핀의 설탕은 이중의 주변부에 위치하고 있다고 볼 수 있다. 앞서 설명했듯 필리핀은 뉴기니와 지리적으로 매우 가까웠던 덕분에 이미 기원전 6000년에 사탕수수를 재배하기 시

---

* (앞쪽) 유럽에서 사탕무로 설탕을 만들어내는 방법이 발명된 것도 노예노동 금지로 인해 설탕 수급에 차질이 빚어진 것과 관련이 깊다.

작했다. 그렇다고는 해도 필리핀에서 설탕은 아주 오랜 기간 동안 그저 가가호호 몇 그루씩 심어 가족과 마을의 수요를 충당하는 수준이었지, 결코 산업적 규모에 이른 적은 없었다. 그러다 18세기 말 스페인 식민정부가 다소 갑작스럽게 농업 플랜테이션 제도를 필리핀에 이식시키면서 필리핀 설탕업이 세계 무역 구조에 편입되기 시작했다.

세계사적 차원에서 봤을 때 필리핀의 설탕은 주변적인 주제일 수 있지만, 나는 다음 네 가지 측면에서 설탕을 통해 필리핀을 바라보는 것이 오늘날의 필리핀이라는 나라를 이해하는 데 큰 도움이 될 수 있다고 생각한다.

첫째, 필리핀이 세계 경제사에 본격적으로 편입된 것은 '수출용 설탕'을 생산하면서부터다. 필리핀은 공식적으로 333년간 스페인의 식민 지배를 받았다. 이는 필리핀의 정치·경제·사회·문화에 커다란 영향을 끼쳤다. 동남아시아 국가지만 필리핀에서 스페인 혹은 남미 국가의 흔적—대표적으로 가톨릭, 화폐 단위(페소), 지역명이나 도로명, 가문의 성씨 등—을 찾을 수 있는 이유다. 하지만 두 나라는 두 바다 건너two oceans away 멀리 떨어져 있었고, 따라서 스페인의 식민 지배는 종교와 행정적인 측면에 맞춰졌다. 근 200년 이상 스페인은 필리핀을 선교지 혹은 중개무역의 중간 기착지로 이용하다가 마지막 100여 년 동안 남미식 농업 플랜테이션 경영을 실시했는데, 이때 주요 생산물이 바로 설탕이었다.

둘째, 필리핀 지배 계층은 19세기부터 '사탕수수 플랜테이션 농장주'를 거치며 서서히 형성되었고, 1900년대 미국의 지배가 이루어진 이후에도 소위 '슈가블록sugar bloc'의 일원이 됨으로써 정치적·경제적 지위를 공고히 할 수 있었다. 요컨대 필리핀 근현대사에서 설탕의 위치를 파악하는 일은, 필리핀 지배계층의 형성 배경을 이해하는 일이기도 하다. 다른 한편 제2차 세계대전 이후 아시아에서 두 번째로 잘사는 나라였던 필리핀이 1960~1980년대를 거치면서 정치·경제가 혼란의 늪에 빠져버린 배경에는 물론 정치적인 측면에서 마르코스Ferdinand Marcos(재임 1954~1989)로 대표되는 독재의 해악도 컸지만, (사탕수수를 재배하던) 농업자본가들이 국가나 사회의 발전보다 사적 이익을 추구하면서 미국에 의존적인 농업국가로 남기를 원했고, 그리하여 동아시아 발전국가 혹은 1990년대 이후 동남아시아 개발도상국과 달리 산업화의 기틀 만들기를 소홀히 했던 데서 큰 이유를 찾을 수 있다.

셋째, 대서양을 사이에 둔 설탕 삼각무역 시대만큼은 아니었지만 필리핀 설탕의 역사에도 아픈 사연이 많다. 설탕의 세계사는 상당히 잔인했고, 아프리카와 아메리카 두 대륙에는 오늘날까지도 영향을 미치는 부정적 유산이 남아 있다. 사람이되 상품으로 취급되는 노예를 공급했던 아프리카, 대규모 플랜테이션과 경제적 불평등은 상당 부분 대항해시대의 설탕산업에서 유래한다고 볼 수 있다. 불행 중 다행인지 필리핀이 세계 설탕 무역에 편입된 때는 이미 세계적으로 노예제가 폐지되는 중이거나 폐지된 이후였다. 그렇지만 필리핀에서 사탕수수를 재배하고 설탕 제조에 참여한 생산자들은 노예에서 해방되었으되 배고픔을 면하려면 자신의 노동력을 팔아야만 하는 임노동자들이었다. 특히 네그로스섬처럼 본래 인구가 희박한 지역을 의도적으로 설탕섬으로 개발한 곳은 소작농이나 자작농은 거의 부재한 채 부재지주인 농장주, 관리인, 대부분의 임노동자로 구성되어 있었다. 때문에 1980년대 초 국제 설탕가격이 폭락했을 때 플랜테이션이 방치되면서 갈 곳 없는 임노동자들도 방치됐고, 이들은 기아 상태에 놓일 수밖에 없었다. '아시아의 에티오피아'라는 불명예스러운 별칭을 얻게 된 것도 이 시대의 유산이다.

넷째, 설탕으로 고통받았던 이들을 다시 일으켜 세운 계기 또한 설탕이었다. 그런데 그 설탕은 현대식 공장에서 생산된 백설탕이 아니라 '가난한 이들의 설탕'으로 취급되던 비정제설탕 마스코바도다. 1900년대 미국의 지배가 시작된 이후, 미국과의 관계에서 필리핀은 저렴한 농산물 공급지이거나 미국산 공산품의 소비지로 위치지어졌다. 당시 미국 투자자들은 설탕 정제기술을 현대화하는 데 관심이 많았고, 필리핀 설탕산업에서 마스코바도의 자리는 농촌마을의 뒤편으로 밀려난 상태였다. 그런데 1980년대 중후반 필리핀의 설탕섬이 기아와 도탄에 빠졌을 때 찾아와 손을 내민 이들이 있었다. 일본의 유니세프와 생협 그룹이었다. 긴급구호가 우선적으로 이루어졌지만, 장기적인 관점에서 일본인들은 네그로스섬에 방치된 이들을 일방적으로 원조하는 것이 아니라 자립을 지원하는 방식을 택했다. 공정무역 상품 '발롱곤 바나나와 마스코바도'는 이런 과정을 통해 역사 속에 등장하게 됐다. 공정무역 상품 마스코바도는 필리핀 민중에게 소박한 미래를 계획할 수 있는 현실적인 약속을 보여주었고, 그리하여 희망의 불씨가 될 수 있었다.

나는 필리핀이라는 가까운 이웃나라에 대해 좀 더 깊이 있는 이해를 얻기 위해 '설탕'이라는 소재를 선택했다. 이 책을 통해 크게 세 가지 이야기를 풀어내고자 한다. 첫 번째는 필리핀판 설탕의 세계사이며, 두 번째는 설탕을 통해 필리핀의 역사(식민시대에서부터 근현대사까지)와 지리를 탐구하는 것이며, 마지막 세 번째는 마스코바도 생산자와 소비자가 공정무역을 통해 국제적인 차원에서 윤리적 관계를 맺는 과정에 관한 이야기다. 이렇게 다시 보는 설탕 혹은 설탕의 역사는 단맛보다는 쓴맛에 가까울지도 모른다. 그렇지만 단맛 뒤에 숨은 쓴맛을 맛보는 순간, 또 하나의 세계를 좀 더 잘 이해할 수 있을 것이다.

2장

일곱 개의 키워드로
필리핀 이해하기

필리핀 전통사회란 스페인 침략 이전 시대를 말한다. 다른 동남아시아 국가들과는 달리, 서구
세력이 들어오기 전의 필리핀에는 사원, 교회 등 돌이나 벽돌로 만든 웅장한 건축물이 없었다.
종교는 집단에 정체성을 부여할뿐더러 강력한 동원력을 지니는데, 필리핀 군도에서는 특정 종
교가 크게 발달하지 않고 애니미즘적 성격을 지닌 토착종교가 대다수를 이루었다. 이는 사람
들을 하나로 묶어주는 국가나 왕국의 존재가 없었음을 의미한다.

필리핀 설탕을 파고들기 전에, '필리핀'이라는 나라에 대해 먼저 알아야 하지 않을까. 필리핀을 이해하는 데 도움될 만한 일곱 개의 키워드를 골랐다. 첫째 바랑가이, 둘째 동남아시아의 관문국가, 셋째 종 아래 사는 사람들, 넷째 영어와 미국화, 다섯째 위험과 인간의 공존, 여섯째 필리핀 최대의 수출품, 일곱째 피플파워의 기억이다.

바랑가이: 전통사회의 기원

필리핀은 크게 본섬인 루손Luzon, 중부의 비사야스Visayas, 남부의 민다나오Mindanao의 세 섬으로 이루어져 있다. 루손섬과 민다나오섬은 각각 하나의 큰 섬이지만, 비사야스는 루손섬과 민다나오섬 사이에 있는 여러 섬을 통칭하는 지명이다. 필리핀 국기 왼쪽에는 흰 삼각형이 있는데, 삼각형 안에 그려진 세 개의 황금별이 이들 세 섬을 상징한다. 이 깃발은 필리핀 독립 영웅인 아귀날도Emilio Auinaldo 장군이 (미국–스페인 전쟁이 벌어지고 있던) 1898년 6월 12일 스페인으로부터 독립선언을 할 때 처음으로 공식 사용됐다.*

그림 2-1 필리핀 지도

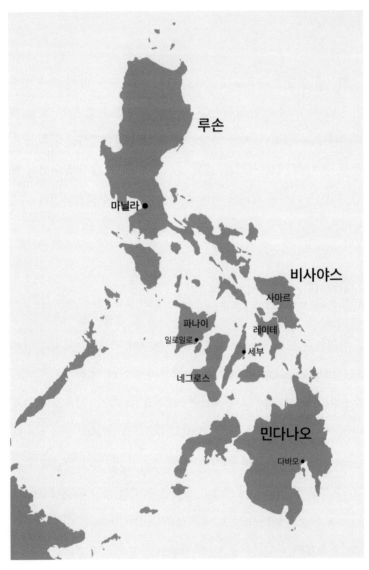

- 국가명: 필리핀 공화국the Republic of the Philippines, Republika ng Pilipinas
- 지리적 위치: 북위 4도 23분에서 21도 25분, 동경 116도에서 127도
- 기후: 고온다습한 아열대성 기후대(연평균 기온은 26.6℃이고 연평균 습도는 75%)
- 면적: 7,000여 개의 섬으로 구성, 300,179km²(남한 면적의 약 3배)
- 인구: 1억 635만 명(2018년), 세계 13위(세계 인구의 1.4%), 해외 거주자 1,000만 명 이상
- 수도: 메트로마닐라, 수도 인구는 약 1,288만 명
- 산업 구성(GDP 기여도): 서비스업 47.9% 〉 제조업 28.4% 〉 농업 7.1%
- 산업 구성(고용) : 서비스업 57.1% 〉 농업 25.5% 〉 제조업 17.4%

필리핀 행정단위는 17개 지역region으로 구분되는데, 정치적 행정 단위는 지역 하위에 있는 주province와 시high urbanized city에서부터 시작된다. 2018년 기준 행정단위는 18개 주, 145개 도시, 1,489개 군 municipality, 42,036개의 바랑가이barangay로 구성되어 있다. 본래부터도 섬에 사람들이 살고 있었겠으나, 필리핀인들의 기원에 대해서는 인종적으로는 북방에서 기원한 오스트로네시안 계통이 대다수라는 입장과, 문화적으로는 남쪽 해양문화와의 유사성이 높아 동남아 도서지역에서 이주했다는 입장이 병립하고 있다.

필리핀 전통사회란 스페인 침략 이전 시대를 말한다. 다른 동남아시아 국가들과는 달리, 서구 세력이 들어오기 전의 필리핀에는 사원, 교회 등 돌이나 벽돌로 만든 웅장한 건축물이 없었다. 종교

---

* (앞쪽)제2차 세계대전 이후 필리핀이 미국으로부터 독립한 날은 1946년 7월 4일로, 미국의 (영국으로부터의) 독립일과 동일하다. 따라서 이 날짜는 미국에 의해 '주어진 독립'이라는 의미가 강하기에 필리핀은 아귀날도 장군이 독립을 선언한 날을 건국절로 삼고 있다.

는 집단에 정체성을 부여할뿐더러 강력한 동원력을 지니는데, 필리핀 군도에서는 특정 종교가 크게 발달하지 않고 애니미즘적 성격을 지닌 토착종교가 대다수를 이루었다. 이는 사람들을 하나로 묶어주는 국가나 왕국의 존재가 없었음을 의미한다. 그럼에도 사람이 함께 살아가려면 아무리 작더라도 일정한 조직체가 필요한데, 필리핀 전통사회의 기본이 되는 인적 공동체를 '바랑가이'라고 부른다. 바랑가이는 여전히 필리핀의 가장 기초적인 행정단위(한국의 읍·면·동에 해당하는)로서 명맥을 유지하고 있다.

바랑가이는 보트를 의미하는 발랑아이Balangay에서 유래했다고 알려져 있다. 역사시대 이전부터 동남아시아의 일부 말레이 종족은 정착생활을 하는 대신, 여러 대의 배로 동남아 도서지역을 항해하며 식용수를 구할 수 있는 곳에 정착해 마을을 이루고는 고기잡이로 생계를 꾸렸고, 그러다 더 나은 조건을 좇아 다른 섬으로 이동하곤 했다. 이때 사용됐던 배가 바로 발랑아이다. 요컨대 발랑아이는 북방 유목민들의 말이나 노새 같은 이동수단이었던 셈이다. 바랑가이는 통상 30~100가구를 한 단위로 삼는 집단생활공동체로, 다투datu라 불리는 지도자가 통솔했다. 다투는 지배자라기보다는 연장자 혹은 내부 갈등의 중재자이자 외부와의 갈등에서는 지휘관 역할을 맡는 이로, 특정 가계를 중심으로 혈연적으로 계승됐다. 바랑가이의 구성원은 신분상 일차적으로 자유인이었으나

나마마하이Namanahay나 사끼기리드Sagigilid라 불리는 하위계층도 존재하는 등 초보적인 계급 분화가 있었던 것으로 파악된다(Scott 1994; 박정현 외 2015).

바랑가이는 상호 독립적인 (혹은 폐쇄적인) 자급자족 생활을 했기 때문에 바랑가이들 간의 교환경제도 발달하지 않았다. 주로 해안가나 강 하구에 자리 잡고 있어서 외부 세력들과의 접촉은 있었으나, 의식주에 부족함이 없는 원주민들에게 외부 세력과의 거래는 의미가 그리 크지 않았다. 외부 세력으로서도 필리핀 제도는 기존 무역로에서 멀리 떨어져 있었던 데다 가치 있는 상품(향신료, 금 등)을 찾기도 어려웠다. 이러한 이유로 필리핀 전통사회는 스페인 세력이 접근해 온 16세기 중반까지 비교적 외부와의 접촉 없이 독립적으로 유지될 수 있었다. 스페인 식민 지배가 시작된 후에도 전통적인 사회경제 공동체인 바랑가이 체제가 인정됐다. 이는 오늘날 현대 필리핀 공화국에서도 행정과 정치의 기초단위로 기능하고 있다. 필리핀에서는 3년마다 지방선거를 치르는데, 우리네 동장洞長에 해당하는 뿌농 바랑가이Punong Barangay 혹은 바랑가이 캡틴도 선거를 통해 직선제로 선출된다.*

---

* 필리핀 지방선거는 선거구를 절반으로 나눠 3년마다 선거를 치른다. 자치단체장의 임기는 6년이다.

동남아의 관문국가: 태평양 건너 찾아온 이방인들

하나의 지역공동체로서 동남아시아를 바라볼 때, 필리핀은 지리적으로 동남아시아 북동쪽에 자리하여 태평양과 마주하고 있다. 동남아 국가 중 동북아 국가들과 물리적 거리가 가장 짧은 곳이기도 하다. 한국-필리핀 간 비행시간은 4시간 남짓에, 하루에 항공편이 25편 내외로 편성될 만큼 인적 교류도 많다. 그래서일까, 한국대사관이나 KOTRA에서는 필리핀을 동남아 및 아세안으로 가는 관문국가gateway country로 소개하고 있다. 그런데 '동남아의 관문국가'라는 표현은 한국을 포함한 동북아 국가들에서만 쓰는 것이 아니다. 필리핀을 지배한 두 식민세력, 즉 16세기의 스페인과 19세기 말의 미국은 다른 아시아 국가들을 지배한 유럽 제국 세력들과는 달리 태평양을 건너왔다. 다른 아시아 국가들에 접근한 유럽 국가들은 남아프리카의 희망봉을 지나 인도양을 거쳐 말라카해협을 통해 동쪽에서부터 접근해왔다. 하지만 스페인은 유럽 제국 중 선도적으로 중남미에 광활한 식민영토를 구축했고, 이를 기반으로 태평양을 건너 서쪽에서부터 아시아에 접근한 것이다. 따라서 필리핀을 지배한 스페인 세력을 '두 바다two oceans away'를 건너온 이들이라 부르기도 한다.

최초의 세계일주자로 유명한 마젤란Ferdinand Magellan은 1521년

4월 비사야스 제도의 세부Cebu에 도착했다. 포르투갈 출신 항해가이자 탐험가인 마젤란은 스페인 왕실의 후원을 받아 기존과는 다른 동방항로를 개척하겠다는 사명 아래, 대서양과 태평양을 건너 아시아에 도달하는 방법을 찾아낸 인물이다. 그는 '향신료를 구할 수 있는 새로운 항해로'를 개척할 수 있으리라는 신념을 갖고서 항해에 나섰다(박정현 외 2015). 당시 유럽인들에게 동인도산 향신료는 목숨을 건 항해에 나서게 만들 만큼 값비싼 것이었다. 마젤란이 도착한 비사야스 제도는 향신료의 섬으로 알려진 인도네시아의 말루쿠Maluku 제도와 동일한 경로에 놓여 있었다.

하지만 마젤란 일행은 이 섬에서 (그들이 그토록 찾던) 향신료를 발견하지 못했다. 마젤란은 막탄Mactan섬*의 원주민 갈등에 말려드는 바람에 고향으로 살아 돌아가지도 못했다. 그럼에도 마젤란과 선원들은 유럽인들에게 태평양 항로의 존재와 지구가 둥글다는 사실을 증명해 역사에 길이 남았다. 살아남은 선원들은 포르투갈인들의 도움을 받아 출발지인 스페인으로 귀환했고, 이로써 필리핀의 존재가 유럽에 알려졌다. 이후 스페인은 레가스피Miguel Lopez de Legaspi가 이끄는 원정대를 재차 필리핀으로 보냈는데, 레가스피 일행이 세부에 영구 정착지를 건설한 1565년을 공식적인 스페인 식

---

* 필리핀의 대표적인 관광지인 세부섬과 1.6킬로미터 떨어져 있지만 두 개의 다리로 연결되어 있으며, 세부국제공항이 위치해 있다.

민 지배의 출발점으로 본다. 이는 미국-스페인 전쟁에 승리한 미국이 스페인으로부터 필리핀 지배권을 양도받는 1898년까지 333년간 지속됐다(박승우 2003).

스페인이 필리핀에 들어온 16세기 후반, 필리핀 인구는 약 75만 명에서 100만 명 정도로 추산된다. 이에 반해 스페인 원정대의 병력은 200~300명에 불과했다. 수적 열세에도 불구하고 스페인의 식민 지배가 시작될 수 있었던 것은 일차적으로 근대식 무기 덕분이었다. 더불어 바랑가이 체제로 움직이던 이들은 정치적으로 통합되지 않은 개체적 집단이었기 때문에 조직적 저항이 불가능했다. 외국이나 이민족에 대한 저항은 국가 혹은 민족의 경험이 전제될 때 가능한 것이기 때문이다(유인선 1990). 이 시기 필리핀인들을 하나로 묶을 수 있는 공통의 구심점은 없었고, 그런 필리핀인들 입장에서 볼 때 스페인인들은 저항해야 할 상대라기보다는 우월한 문화를 가진 경외의 대상이었다. 반면 스페인인들의 입장에서 볼 때 필리핀에는 적극적으로 약탈할 재물도, 파괴해야 할 왕국이나 정치체제도 없었다. 때문에 스페인이 남미를 정복할 때 발생했던 대규모 충돌이나 피비린내 나는 약탈은 없었다.*

스페인 제국에 편입된 필리핀은 갤리온 무역Galleon Trade을 통해 태평양 건너 아메리카 대륙과 연결됐다. 갤리온 무역은 태평양을 가로질러 중국, 마닐라Manila(필리핀), 아카풀코Acapulco(멕시코)를 연결하는 해상무역망으로, 1565년 필리핀에서 멕시코로 돌아가는 여정이 처음으로 성공한 이후 멕시코 독립전쟁이 발발한 1815년까지약 250년간 운영됐다.

갤리온 무역의 출발은 다음과 같다. 식민 지배를 선언하고 마닐라에 정착촌을 건설한 스페인인들은 주변 원주민들로부터 식량을 헐값에 구입하고, 다른 소비물자는 중국 상인들에게 의존했다. 수도 마닐라가 건설된 이후 중국 상선이 빈번하게 내항하던 시기였다. 그들은 식민지 관리, 군인, 종교인 등 스페인 소비자들이 원하는 일용품과 식료품, 도자기, 비단, 차에 이르는 다양한 물품을 마닐라로 들여왔다. 이 중엔 유럽인들에게 진귀한 물건들도 있었기 때문에 식민당국은 중국 상품 무역을 통해 부를 축적할 수 있음을 깨달았다. 중국 배 정크에 실려 마닐라로 들어온 물품은 갤리온에 선적됐고, 이는 태평양을 건너 아카풀코로 수송됐다. 회항 편에는 남미산 은이 실렸다. 은은 마닐라를 거쳐 중국으로 들어갔다. 18세기 들어서는 영국의 동인도회사나 자유무역업자가 인도에서 가져

---

* 스페인은 1492년 콜럼버스 원정대가 에스파뇰라섬에 처음 식민지를 건설한 것을 시작으로 아메리카 대륙에 거대한 식민지 제국을 건설했다. 1535년에 현재의 캘리포니아에 멕시코와 중앙아메리카 지역을 관장하는 뉴스페인(누에바에스파냐) 부왕령을, 1544년에는 남아메리카에 페루 부왕령을 설치하고 본격적인 식민지 경제를 만들어냈다. 아메리카 식민지에서는 16세기부터 플랜테이션(사탕수수, 코코아, 담배, 밀, 올리브, 목축업 등)과 광산(금광, 은광)을 개발하는 등 식민지 경영에 박차를 가한 것과 달리, 필리핀에서의 식민지 경영은 매우 느리고 조방적으로 이루어졌다(박승우 2003).

갤리온의 날 축제 기념우표(2010)

출처: 필리핀 우편국(https://www.phlpost.gov.ph/stamp-releases.php?id=1038)

온 모직, 면직물이 갤리온 무역선에 실리기도 했다. 갤리온 무역이 활성화됨에 따라 마닐라는 국제무역항으로서의 기능을 하게 됐다. 물론 스페인은 무역에서 얻은 부를 독점하고 싶어했기 때문에 타국 배가 접안하는 것을 제한했는데, 1834년 마닐라 개항 이후로는 영국, 미국 등 다른 국가들도 자유롭게 무역활동에 참여할 수 있게 됐다.

20세기 전반기에 필리핀을 식민지로 삼았던 미국도 태평양을 건너 필리핀에 도래했다. 미국 상선은 19세기 말부터 마닐라만에 입항하곤 했지만, 필리핀에 미국이 본격적으로 등장한 것은 전쟁과 함께였다. 1898년 4월, 미국은 스페인에 선전포고를 날리며 마닐라만으로 진격했다. 미국은 쿠바의 자유를 압제하는 스페인을 제거한다는 명분하에 카리브해와 필리핀 두 지역에 군사적으로 진출했다. 하지만 미국의 필리핀 점령에는 숨겨진 의도가 있었다. 아시아를 침략한 다른 유럽 제국들과 마찬가지로 미국 역시 중국에 진출할 기회를 얻기 위해서였다. 미국 함대는 마닐라만에서 스페인 함대를 격파한 뒤 필리핀에 상륙했다. 1898년 8월 13일 마닐라에 입성한 미국은 바로 다음날 필리핀 전역에 군정을 선포했다(유인선 1990).

종 아래 사는 사람들: 스페인 식민시대의 유산

필리핀은 지리적으로나 인종적으로 아시아권에 속하는 국가로 아시아적 가치를 지니고 있으면서도 문화의 상당부분, 특히 종교(90% 이상이 가톨릭과 기독교)와 언어(공용어로서의 영어)가 서구화되어 있다. 때문에 코퍼즈Onofre D. Corpuz는 필리핀의 문화적 정체성을 '동양 속의 서양 이미지' 혹은 문화적 이원성cultural dualism이라는 용어로 설명한 바 있다(Corpuz 1981).

필리핀의 역사는 사실상 16세기에 스페인 지배로 시작됐다. 스페인의 지배가 시작되고 난 뒤에야 필리핀 군도에 흩어져 살던 사람들이 동일한 지배체제하에 하나의 통합체라는 인식이 생겨났기 때문이다. 때문에 필리핀이라는 국가 자체가 스페인에 의해 '발명' 됐다고 보는 이들도 있다. 스페인이 아시아에 진출한 동기는 3G,

구체적으로 왕의 영광Glory, 신의 복음Gospel, 경제적 이득Gold을 추구하는 데 있었다. 앞의 두 목표는 스페인 왕세자의 이름을 딴 필리핀이라는 국호의 명명, 그리고 인구의 절대다수를 가톨릭교도로 만들었다는 점에서 어느 정도 실현되었으나, 경제적 이득(향신료나 금은)을 찾기는 어려웠다. 따라서 스페인의 필리핀 지배는 하느님의 나라를 건설하는 데 방점이 찍혀 있었다. 그들이 이러한 목적을 실현하고자 한 의도를 행정-종교 조직인 푸에블로Pueblo*를 통해 확인할 수 있다.

가톨릭의 수호자를 자처한 스페인에게 종교는 매우 각별한 의미를 지닌다. 필리핀에 가톨릭교가 전파되기 시작한 것은 마젤란이 상륙한 1521년이다. 현재까지도 가톨릭교는 필리핀 사람들의 일상생활에서 중요한 역할을 차지하고 있다. 국가 명절은 대부분 부활절, 만성절, 성탄절 등 기독교와 관련되어 있으며, 대부/대자의 관계는 필리핀 사회에서 인간관계를 형성하는 데 매우 중요하게 작동한다. 스페인 총독은 푸에블로를 하나의 교구 단위로 편성하고 스페인인 사제를 파견했다. 스페인 관리는 주 단위에 머물렀으며, 스페인 일반인들의 거주지도 주지사 소재지로 제한됐기 때

* 필리핀 점령을 선언하고 스페인 총독이 이 섬나라의 실질적인 지배자가 된 이후, 스페인 세력은 주Alcaldia-푸에블로-바랑가이(혹은 바리오Barrio)의 3단계로 지방행정조직을 만들어 지역에 대한 장악력을 높여나갔다.

문에 사실상 교구 사제는 푸에블로의 행정적 책임자이자 종교 지도자이자 교육 수장이었다. 사제는 푸에블로 단위로 부과되는 공납 및 노역의 할당과 징발을 관리했다. 행정체계상 고베르나도실로 Gobernadocillo라는 필리핀인 행정 관료가 있었지만, 그에게는 사제의 승인 없이는 결정할 수 있는 권한이 없었다. 심지어 필리핀 주민들은 다른 지역으로 여행을 가거나 이주를 할 때에도 사제로부터 승인받아야 했다.

식민 지배 과정에서 지배자들은 현지인들에게 자신의 언어를 강요하는 경우가 많다. 그런데 필리핀에서는 필리핀인들이 스페인어를 배우는 대신, 푸에블로 사제들이 필리핀 토착어를 배워 사용하는 방식이 채택됐다. 교회가 교육 기능을 갖추었지만, 종교 및 도덕 교육이 주를 이루었다. 또한 스페인인은 주 이하 지역에서 거주할 수 없었기 때문에 스페인인과 필리핀인 간의 자연스런 언어 교환도 제한됐다.*

푸에블로는 주요 지방도시의 경관에도 중요한 흔적을 남겼다. 푸에블로 중심지에는 광장이 세워졌고, 광장 주변으로는 길이 방사형으로 뻗어 있었으며, 관청과 성당이 나란히 자리 잡았고, 주거지가 형성됐다. 요컨대 스페인 행정당국의 기본적인 통치 방침은 모

---

* 장기간의 식민 지배에도 불구하고, 필리핀에 새로이 나타난 지배세력이 스페인계가 아니라 중국계-현지인 혼혈인 메스티조인 것도 여기서 맥락을 찾을 수 있다.

식민시대 마닐라 그림우편

든 필리핀인을 '종鐘 아래'(최병욱 2015)에 살게 하는 것이었다. 필리핀인들은 성당의 종소리를 듣고 일어나 기도와 미사로 하루를 시작하고 마쳤으며, 중요한 행사도 종소리에 따라 이루어졌다. 교회의 영향력, 즉 교구 사제의 영향력이 필리핀인들의 일상과 정신세계에 깊이 새겨진 것이다. 이러한 과정을 거쳐 필리핀에는 '바랑가이'라는 전통체제와 '푸에블로'라는 종교 및 행정 체제가 공존하며 뿌리내리게 됐다(유인선 1990).

스페인 세력이 도래하기 이전, 필리핀의 성문화된 기록은 거의 찾아볼 수 없다. 그렇다고 필리핀 역사를 '식민성'만으로 설명하는 건 반쪽만 보는 것일 수 있다. 일례로 필리핀 민속학자인 이사벨로 Isabelo de los Reyes의 연구는 필리핀 토착 세력과 그들의 역사에 대한 문화인류학적 자료를 발굴함으로써 식민시기 이전 혹은 식민지 시대에도 고산지대나 남부지역에 별도로 존재했던 토착민들Indigenous people에 대한 정보를 채워 넣고 있기 때문이다. 이러한 연구는 기존의 식민 경험과 상상의 공동체로서 민족을 구성하는 방식과는 다른 새로운 시각을 제공한다는 점에서 주목할 필요가 있다(서지원 2018).

하지만 필리핀을 구성하는 이들은 비단 저지대의 가톨릭 및 개신교도가 대다수인 필리핀인(필리핀 국민)만이 아니라, 가톨릭으로의 개종을 거부하거나 자치를 요구하며 오랫동안 중심부 세력(과

거엔 식민정부, 지금은 필리핀 중앙정부)과 대치해온 북부 산간지역의 고산족과 민다나오섬의 무슬림도 있다. 오늘날 필리핀에는 170여 개의 지방어가 있으며, 이 중 100만 명 이상이 사용하는 언어도 12개나 된다. 필리핀 국어로 알려진 따갈로그어도 사실 마닐라를 중심으로 한 루손섬 중부지역에서 사용되던 지방어다. 따갈로그어는 가장 많은 이들이 사용하는 언어이기에 필리핀 국어로 알려져 있지만, 현재 필리핀 정부는 다종족·다문화를 인정한다는 의미에서 국어를 '필리피노Filipino'라고 표기하고 있다.

영어와 미국화: 미국 식민시대의 유산

한국인들이 필리핀을 자주 찾는 이유 중 하나로 이 나라가 영어를 공용어로 채택하고 있다는 점을 들 수 있다. 때문에 조기유학이나 어학연수를 목적으로 필리핀을 찾는 한국인들이 제법 많다. 최근 몇 년간 필리핀 경제 성장률은 6~7%를 유지해 이웃한 동남아 국가들이나 중국을 넘어설 만큼 높은 수준인데, 이 성장의 견인차 역할을 하는 산업이 BPO(Business Process Outsourcing)다. BPO는 기업의 핵심 부문을 제외한 비즈니스 업무를 외주화하는 것으로, 글로벌 기업의 외국어 콜센터가 대표적이다. 필리핀은 인도와 함께 세계 BPO 산업의 양대 투자지인데, 이 나라 국민들의 유창한 영어

구사 능력, 상대적으로 저렴하고 안정된 임금, 정부의 적극적인 지원을 바탕으로 한다.

이처럼 영어를 자유롭게 구사하는 인구가 절대다수라는 점은 식민지 시기의 유산이기도 하지만 동시에 오늘날 필리핀의 경제적 성장을 약속하는 중요한 특성이기도 하다. 1898년 미국-스페인 전쟁에서 승리한 미국은 스페인으로부터 2,000만 달러에 필리핀을 양도받은 후, 곧바로 필리핀에서의 미군정을 선언했다. 하지만 같은 해 독립무장 세력 까티푸난Katipunan을 이끌던 아귀날도 장군도 필리핀 공화국을 선언했다. 따라서 1898~1900년 사이에는 미군정과 필리핀 공화국이 공존하며 종종 국지전이 발생했다. 주로 지방에서 필리핀군의 미군에 대한 게릴라전이 펼쳐졌지만 미군의 전투력이 월등히 높았고, 이에 미국의 필리핀에 대한 지배력은 커져만 갔다.

필리핀 연구자들은 미국의 필리핀 지배가 성공할 수 있었던 배경 중 하나로 근대적 교육제도의 수립을 꼽는다. 스페인이 식민 지배를 하는 동안 고등교육의 기회를 차단당했던 필리핀인들은 이 방침을 매우 환영했다. 더욱이 미국 식민당국은 필리핀 각지에 자국 선교사들을 파견해 학교를 설립하고 모든 교육을 영어로 진행했다. 이 과정에서 영어는 자연스럽게 필리핀 공용어로 자리 잡았다. 새로운 지배자인 미국으로서는 이 같은 고등교육을 필리핀인들에게 미국적 가치관을 이식시키는 통로로 이용했다. 이렇듯 미국 지배기의 필리핀 교육제도는 식민당국의 국가서비스를 넘어 일종의 통치수단으로 활용됐다.

다른 한편 미국은 의회를 양원제로 구성하고 필리핀 토착 지배층을 상원의 정치 지도자로 흡수했다. 이 과정에서 필리핀 지배층과 미국 간에 독특하면서도 긴밀한 관계가 형성됐다. 필리핀 지배층은 미국에 독립을 요구하는 목소리를 내며 '양심적 민족주의자'로서 국민들의 신망을 얻을 수 있었다. 그런데 필리핀 지식인층은 대체로 대토지를 소유한 지주계급으로 하시엔다hacienda* 체제의 경제적 수혜자들이었다. 이들은 미국과의 자유무역을 지지했다. 수출 농산물의 대생산자 집단으로서 미국 시장에 수출할 기회를 놓칠 수 없었기 때문이다. 때문에 표면적으로는 독립을 요구하더라도 실질적으로 그들에게 독립은 절실한 과제가 아니었다.

1990년대 이후 들어 필리핀 사회는 정치체제(법제도 포함), 공공건강서비스, 대중교육, 도시 구조, 언어 등에서 미국의 영향을 지대하게 받았다(박광섭 1999). 1942년 태평양전쟁을 일으킨 일본이 마닐라를 점령하면서 필리핀에서의 미국 식민 지배는 막을 내렸고, 일

---

* 하시엔다는 일반적으로 스페인에서 평야지대에 자리 잡은 거대한 농장을 일컫는 말이지만, 17~18세기 스페인이 중남미 식민지를 경영하는 과정에서 노예노동에 근거해 상품작물을 생산하는 봉건적 대농장을 지칭하는 용어로 더 폭넓게 사용되고 있다.

본은 1942~1945년까지 3년간 필리핀 제도를 점령했다. 덧붙이자면 이 기간 동안 강제 징병 및 징용(군속, 위안부 등)이 시행되면서 조선인과 필리핀인 사이에 민족 간 접촉이 이루어지기도 했다.

제2차 세계대전이 끝나고 1946년 7월 4일, 마침내 필리핀 독립이 이루어졌다. 그렇지만 필리핀 정치세력은 지역별로, 산업별로, 혹은 이해관계에 따라 이합집산하는 이들이 다수를 차지했다. 1946년 총선을 통해 출범한 신정부는 필리핀의 독립은 유지했으나 미국에 대한 경제적·정치적 의존도는 더욱 심화시켰다. 의회의 첫 번째 결의안은 미국에 절대적으로 유리한 벨 통상법Bell Trade Act을 수용하는 것이었다. 벨 통상법은 1945년 미 의회에서 통과된 법률로, 미국과 필리핀 간의 자유무역(무관세 무역)을 1954년까지 계속하되 이후에는 20년에 걸쳐 관세를 점차 인상한다는 내용을 담고 있다. 그런데 수출 관련 조항은 미국에게 절대적으로 유리했다. 미국의 대필리핀 수출은 무제한 허용되는 반면, 필리핀의 대미 수출(주로 농산물)은 할당량이 정해졌다. 투자 관련 조항도 마찬가지였다. 미국 시민이나 기업이 필리핀의 자원 개발 등에 투자할 때는 필리핀인과 동일한 대우를 받을 수 있도록 규정한 내용이 담겨 있었다. 미군정하에서 1935년 커먼웰스 자치정부commonwealth government부터 약속했던 독립이 마침내 이루어졌지만, 이 독립이 실질적인 의미에서의 근대적 독립국가 건설의 출발이 되었다고 자신 있게 말하는 이들은 많지 않다.

위험과 인간이 공존하는 땅

필리핀은 환태평양 조산대에 자리해 있어 지진이나 화산 폭발 등의 자연재해에 매우 취약하다. 2018년 초에도 루손섬 남부의 마욘Mayon 화산이 열흘 넘게 폭발했다. 전형적인 원추형 화산의 모습을 갖춰 세계의 지형학 교과서에 실리곤 하는 마욘 화산은 1814년 최악의 폭발 사태로 1,200명 이상의 사망자가 발생한 바 있고, 2013년에 폭발했을 때에는 외국인을 비롯한 등산객 10여 명이 사망하기도 했다. 내 박사논문 현장이 바로 이 마욘 화산이 있는 알바이주였는데, 현지조사 중이던 2006년에도 부분적인 화산 폭발이 있었다. 당시에는 사망자가 없었으나 문제는 폭발 4개월 후에 닥친 태풍이었다. 거센 태풍에 화산이류火山泥流, 즉 화산 분출물 산사태가 발생해 산 아랫마을이 매몰되고 1,000명 이상의 사망자가 발생했다(《연합뉴스》 2018/01/28).

이처럼 화산 폭발 자체보다도 태풍이 더 큰 위험을 가져올 때가 많다. 필리핀 동부 해상은 동아시아 전역에 영향을 미치는 태풍의 발원지로, 고강도 태풍으로 인한 피해도 자주 발생하는 편이다. 2013년 11월 필리핀 중부를 강타한 태풍 하이옌Haiyan도 큰 타격을 입혔다. 2000년대 이후에 발생한 강력한 태풍들 중 하나였던 하이옌은 필리핀 중남부를 지나면서 심각한 피해를 남겼는데, 특히 레이테Leyte섬*의 주도 타클로반Tacloban에서는 공항과 항만이 파괴되고, 해안에서 1킬로미터 내에 있는 건물이 전부 사라졌다. 태풍으로 인한 경제적 손실은 약 140억 달러(한화 15조 원)에 달했으며, 사망자 및 실종자는 1만 명을 넘어섰다(《한국경제》 2013/11/10).

자연재해도 문제지만 더 큰 문제는 인재人災라고 보는 이들도 많을 것이다. 한 해에 100만 명 이상이 찾는 나라임에도 한국인들은 필리핀을 상당히 위험한 나라라고 여긴다. 총기 소유가 합법이고 지하경제가 성황인 상황에서, 사망에까지 이르는 사건사고가 자주 일어나기 때문이다. 때문에 필리핀에서는 은행이나 쇼핑몰뿐 아니라 맥도날드 같은 일반음식점에서도 총기를 휴대한 경비원을 볼 수 있다. 총기로 인한 희생자 중에는 종종 한국인도 포함되어 있어 '필리핀은 위험한 나라'라는 인식이 우리 사회에 널리 퍼져나갔다.**

그런데 경제적 이권 때문에 발생하는 총기사고보다 위험한 것

---

* 필리핀 중부 비사야스 제도 동부에 있는 섬이다.
** 물론 이런 인식은 어느 정도 과장된 면이 있다. 갖은 사건사고에 휘말리는 필리핀인들이 훨씬 더 많음에도 불구하고 사상자 목록에 한국인이 끼어 있을 때 거대하게 부풀려져 보도되는가 하면, 일부 몰지각한 한인들이 일으킨 분란이 한인사회 일반의 문제로 확대 해석되기도 한다. 무엇보다 필리핀에서 한국인을 대상으로 한 총기사건은 주로 한국인들 간의 불화나 갈등이 원인인 경우가 많다. 이때 필리핀인들은 청부살해업자로 '동원'되곤 한다.

은 정치권의 방조 및 암묵적인 동의하에 발생하는 초사법적 살해extrajudicial killing다. 반정부적 활동을 빌미로 저항세력을 불법적으로 살해하는 것이다. 이러한 정치적 살해는 특히 아로요Gloria Macapagal Arroyo(재임 2001~2010) 대통령 집권기에 최고조에 달했다. 아로요는 미국의 '테러와의 전쟁'에 대한 적극적인 지지를 표명하고 필리핀 판 테러와의 전쟁인 '반란 예방 프로그램Counter-Insurgency Program'을 선언했다. 이후부터 죽음이 잇따랐다. 2010년 인권단체 진상규명위원회가 밝힌 바에 따르면, 2001~2010년에 벌어진 정치적 살해, 실종, 경찰과 군에 의한 강제 구금 및 고문 등은 총 1,200건이 넘는다(이렇게 희생된 이들은 주로 진보 정치인, NGO 활동가, 언론인, 인권활동가 등이었다). 아로요 집권 10년 동안 이러한 사건이 일주일에 2~3건씩 일어났던 셈이다.

인권 문제에 민감한 국제사회가 현 필리핀 대통령 두테르테Rodrigo Duterte에 대해서도 마음을 놓지 못하는 것은, 그가 현재 주도하고 있는 '마약과의 전쟁'이 아로요의 '테러와의 전쟁'을 연상시키기 때문이다. 두테르테 대통령은 다바오Davao(민다나오섬 남동부에 있는 도시) 시장을 역임하는 동안 강력한 마약 단속과 안전도시 건설에서 일정한 성취를 이뤘고, 기존 정치인에 대한 뿌리 깊은 반감을 갖고 있던 필리핀 국민은 중앙정치 신인인 그를 대통령으로 뽑았다. 그렇지만 최근 두테르테의 마약과의 전쟁이 시민사회 일반에 대한 억압으로 이어지면서 그의 행보에 반대하는 목소리가 점점 높아지고 있다(정법모·김동엽 2017). 자연재해든 인재든 경제적 이해관계에 의한 살해든 모든 사건은 정치적 문제다. 필리핀 사회가 이러한 문제점을 해결하거나 적절히 대응할 수 있는 체제를 갖추도록 국제사회가 함께 노력할 필요가 있다.

필리핀의 최대 수출품?

필리핀에서 자주 나오는 농담 중에 '필리핀 최고의 수출품은 태풍'이라는 말이 있다. 앞서 설명했듯 열대성 저기압 태풍의 발원지는 필리핀 동부 해상이다. 태풍의 영향권에 있는 동남·동북아시아 국가들은 여름철 동안 태풍 피해에 긴장하곤 하지만, 사실 태풍이 가장 먼저 상륙하는 필리핀이 입는 피해가 가장 심각하다.

본론인 수출 이야기로 돌아가면, 필리핀이 국제 무역망에 연결된 이후 외화를 벌어들이는 최대 상품은 설탕, 코코넛 등의 농산품이었다가, 글로벌 관광객들을 불러들이는 천혜의 관광자원이었다가, 지금은 해외에 취업해 본국으로 엄청난 규모의 외화를 송금하는 해외 필리핀 노동자OFWs(Oversea Filipino Workers)와 BPO 산업으로 바뀌었다. 사실 여기서 수출에 대한 국제경제 관점, 즉 국내에서 생산해 비행기나 선박을 통해 해외로 운송되는 상품의 총 가치라는 개념에 부합하는 것은 18세기 중엽에서 19세기까지 유럽 및 미국 시장을 향해 선적됐던 농산품뿐이다.

그런데 2018년 초 현지조사를 하던 중 필리핀 경제특구를 운영하는 정부기관의 관리자로부터 흥미로운 이야기를 들었다. 필리핀은 BPO 산업을 통한 외화 수익을 일종의 '서비스 수출'로 인정하고 있으며, 그리하여 최근 마닐라 중심부(마카티, 오르티가스, 퀘존시티, BGC 등)에 우후죽순 올라가고 있는 고층빌딩들은 제조수출기지에 준하는 경제특구로 인정받고 그 건물에 입주한 글로벌 IT 기업들에게도 경제특구로서의 인센티브가 제공된다는 것이다. 이러한 경제특구는 (다른 나라와 마찬가지로) 애초에 수출제조업을 육성하기 위한 목적으로 지정됐다. 하지만 현재 필리핀 내 경제특구의 상당수가 IT 부문에 집중되고 있으며, 이 현상은 2000년대 이후 필리핀에서 BPO 산업의 확대와 관련이 깊다. 한 가지 더 주목할 점은 현재 운영 혹은 건설 중인 IT 공원/센터 대부분이 필리핀의 대표적 재벌 기업이자 부동산개발사들*에 의해 오피스빌딩 형태로 도심에서 개발되어 글로벌 및 로컬 BPO 사업자들에게 분양되고 있다는 점이다(Raquiza 2015). 필리핀 재벌은 대개 설탕 수출 전성기를 거치며 대토지 소유자들 중에서 형성됐는데, 그들의 후예는 오늘날 도심

---

* 로빈슨토지공사, SM 프라임홀딩스, 아얄라토지(사), 메가월사 등이다.

부동산 개발을 통해 또다시 국가 소득의 상당수를 전유하고 있는 셈이다(엄은희 2018).

비슷한 맥락에서 해외로의 인력 송출도 외환 소득이자 수출상품으로 바라보는 시각이 없지 않다. 해외노동자로서 외국에 나가는 개인의 입장에서는 더 나은 소득을 얻거나 재능을 펼칠 기회를 찾는 용감한 행동일 수 있지만, 다른 한편으로는 건강한 일자리를 만들어내지 못한 국가의 직무유기로 인한 두뇌 유출Brain Drainage의 슬픈 단면일 수 있다.

피플파워의 기억: 변화의 희망은 풀뿌리에

필리핀은 아시아에서 제도적 민주주의가 가장 먼저 도입된 나라로 알려져 있다. 미국의 지배하에 있었던 1907년 상하원을 구성하는 선거가 처음으로 실시됐다. 제도적 민주주의를 넘어 민중운동으로서의 민주주의의 횃불도 아시아에서 가장 먼저 피워 올렸다. 1986년 '피플파워People Power I'라는 민중혁명을 통해 마르코스 독재 체제를 무너뜨렸으며, 2001년 두 번째 피플파워People Power II를 통해 부정부패를 저지른 에스트라다Joseph Ejercito Estrada(재임 1998~2001) 대통령을 탄핵시켰다(박승우 2007). 피플파워를 통해 탄핵된 대통령의 자리는 각각 코라손 아키노Corazon Aquino(재임 1986~1992)와 글로리

1986년 피플파워 기록사진

아 아로요라는 두 여성이 차지했다. 이들 모두 시민혁명의 힘으로 대통령직에 오른 것이다.*

민중혁명을 통해 독재정권을 종식시킨 역사가 있는 만큼 필리핀은 한때 아시아에서 시민사회가 가장 발달한 나라로 주목받았다. 국제적인 차원에서 봤을 때, 1986년의 피플파워는 1987년 한국 민주화운동에 시민혁명의 가능성과 상상력을 제공했다고도 해석될 수 있다. 피플파워 이후 필리핀에서는 사회운동과 시민사회가 활성화됐다. 활동 영역이 반독재운동에서 환경운동, 여성운동, 평화운동, 정치운동 등으로 확대됐으며, 조직의 수와 규모도 커졌다. 하지만 오늘날 필리핀에서는 과거와 같은 시민사회 활동을 기대하기 어렵다. 2000년대 이후 필리핀 시민사회는 국가적 구심점과 변화를 위한 공동의 어젠다를 만들어내지 못한 채 찻잔 속 태풍처럼 침잠해 들어가고 있는 듯하다.

필리핀에서 민주화 이후의 민주주의는 공고화되는 대신 분열과 침체로 점철됐는데, 그 원인은 정치 엘리트에 의한 정치의 포획과 국가의 억압 강화 등에서 찾을 수 있다(박승우 2008). 동남아 연구의

---

* 하지만 아키노는 마르코스의 정적으로 암살당한 남편을 대신하여, 아로요는 과거 대통령이던 아버지의 후광으로 대통령직에 올랐다고 보는 편이 보다 적절할 것이다. 다시 말해 두 여성 대통령의 리더십은 개인의 전문성에 기반을 두었다기보다 정치적 위기 상황에서 가문 정치를 잇기 위해 등장한 경우로 해석되며, 이는 필리핀 사회에서 여성의 지위 향상과는 무관한(혹은 오히려 부정적인 영향을 미친) 것으로 평가된다(김민정 2006).

거장 베네딕트 앤더슨Benedict Anderson은 피플파워로 마르코스 독재가 무너진 이후 선거제도가 부활했지만, 이는 민중민주주의가 아니라 토호 세력의 귀환을 낳았다고 비판한다(Anderson 1988). 필리핀의 정치 엘리트이자 경제 엘리트는 대체로 중국계 메스티조가 차지하고 있다. 이들은 18세기 중엽 필리핀에서 상업적 플랜테이션이 본격적으로 이루어지던 시기에 대지주이자 유통업자로서 경제적 영향력을 공고히 할 수 있었는데, 19세기에는 해외 유학이나 고급 사설교육기관을 통한 고등교육을 받으며 지식인이자 민족주의자로서 필리핀 정치를 이끄는 국가적 엘리트 집단으로 성장했다. 이러한 맥락에서, 민주화 이후 아키노 지지세력이 의회에 대거 복귀한 것은 민주화의 승리로 볼 수도 있지만 토호 가문들의 승리로 보는 것이 좀 더 적절할 수 있다(서지원 2018).

요컨대 필리핀 시민사회는 1972년 마르코스 대통령의 계엄령 선포로 크게 위축됐으나, 1986년 피플파워를 통해 마르코스 독재를 종식시키는 저력을 보여주었다. 하지만 그 동력은 귀환한 토호들에게 강탈당했고, 사회 변혁의 불씨는 제대로 불타오르지 못했다. 야박한 평가지만, 필리핀의 정치·경제·사회·문화 등 거의 전 영역에서 소수의 엘리트와 다수의 민중 사이에 심각한 불균등/불평등이 이어지고 있는 상태에서 그 불씨가 되살아나는 일은 요원해 보인다.

이처럼 구조적 문제를 해결하기 어려운 상태지만, 그나마 '주민조직운동Community Organization Movement'이라 불리는 풀뿌리운동이 사회의 하부영역을 지탱하는 큰 역할을 맡고 있다. 주민조직운동은 빈민들의 의식화 및 조직화를 통한 삶의 질 향상, 인권 증진, 생활 개선 등을 추구한다(김한수 2018). 한국 시민사회도 2003년 마닐라에 NGO센터(現 아시안 브릿지)를 설립하고, 한국 시민사회 활동가들이 필리핀 주민조직운동을 배우고 또 이와 연대할 수 있도록 지원한 바 있다. 이처럼 한국 시민사회와 필리핀 시민사회는 상당히 오랫동안 상호 교류하며 협력해온 전통이 있다.

이 책에서 주목하는 공정무역 역시 사회적 경제 영역에서 두 국가의 시민사회와 풀뿌리조직이 새로운 관계를 맺으려는 노력으로 볼 수 있다. 비록 필리핀의 변화를 향한 불꽃은 희미해졌지만, 희망의 불씨는 풀뿌리조직에 여전히 살아 있으며, 공정무역을 통한 한국 시민사회의 협력과 연대는 이 불씨를 살리는 데 기여할 수 있으리라고 믿는다.

3장

필리핀 역사에서
설탕의 위치

1780년대 이후 스페인 식민정부는 필리핀에서의 식민 경영 전략을 바꾼다. 일련의 농업개혁 정책을 시행해 농업경제를 개발하고 상품 수출을 위한 농업활동을 강화하기 시작했다. 그리하여 자급자족 수준이었던 필리핀 농업은 잉여 생산을 위한 상업적 활동으로 바뀌어갔다. 식민 지배가 시작된 지 200여 년 만에 벌어진 변화였다. 이러한 변화는 순조롭게 진행되던 갤리온 무역이 한계에 다다른 이후 식민지 경영비를 벌기 위한 시도의 일환이었다. 200년 이상 지속된 갤리온 무역이 급작스럽게 쇠퇴한 이유는 세계적으로 노예제가 폐지되고 중남미의 스페인 식민지에서는 독립투쟁이 발발한 데 있었다. 다른 한편 스페인이 유럽 제국들 간 패권 경쟁에서 (당시 한창 팽창 중이던) 영국을 비롯한 유럽 제국들로부터 견제를 받으며 권력이 쇠퇴한 데서도 그 이유를 찾을 수 있다.

설탕은 코코넛과 함께 '여전히' 필리핀의 대표적인 수출 작물
이다. 그 중요성은 과거에 비해 대폭 감소한 것이 사실이지만, 설탕
산업의 출현 및 성장 과정은 필리핀 사회의 정치사회적 전환 과정
과 밀접한 상관관계가 있다(Larkin 1993, 박승우 1998a, 박승우 1998b, 엄
은희 2010).

전통사회의 설탕: 자연의 선물

선사시대 이래로 필리핀 군도의 선주민들은 이미 사탕수수 재배
기술을 갖고 있었다고 전해지지만, 설탕이 상업적인 용도로 생산·
이용되기 시작한 것은 스페인 식민지 시기다. 식민 지배 이전 시기
에 섬 주민들은 사탕수수를 그 자체로 씹어 먹으면서 허기를 달랬
던 것으로 전해지며, 때로 아이들을 위해 쌀과 섞어 암죽을 만들
었다는 기록이 남아 있다.

14세기 중국 문헌에 따르면, 원나라 시기에 해외 원정단을 이끈
왕대연汪大淵이 필리핀의 여러 섬을 방문하면서 사탕수수의 다양한
활용법에 대한 기록을 남겼는데, 일부에서는 사탕수수를 발효시켜

술을 담그기도 했다고 한다. 설탕이 필리핀 관련 문헌에 처음 등장한 것은 1565년으로, 필리핀에 영구 정착하기 위해 이주한 스페인 지배 세력이 멕시코에서 보급물품의 일환으로 가져왔다는 기록이 있다.

설탕 제조 기술이 필리핀에 어떻게 도입됐는지에 대한 공식적인 기록은 없다. 하지만 미국 학자 라킨John A. Larkin이 연구한 바에 따르면, 기호식품으로서 설탕을 꼭 필요로 했던 스페인 점령자들 중 일부가 중국으로부터 수입하는 설탕 값을 아끼기 위해 필리핀에서 설탕 제조를 독려했으리라고 추정된다(Larkin 1993). 두 개의 나무 롤러 사이에 사탕수수를 통과시켜 수액을 추출하고, 이를 토기에 담아 끓인 후 결정화시켜 설탕을 만들어내는 방식은 16세기 즈음에는 이미 중국과 지중해 지역에 널리 퍼져 있었다. 라킨은 스페인 점령자들과 중국인 양자 모두가 약간의 시차를 두고 필리핀에 이러한 설탕 제조 기술을 도입했을 것이라 추정한다.

스페인 식민시대의 설탕: 하시엔다의 출발

스페인 점령자들이 필리핀에 사탕수수 플랜테이션을 처음 이식하고자 시도한 것은 17세기 초로 알려져 있다. 하지만 이 시도는 오랫동안 성공하지 못했고, 설탕은 필리핀의 산업적 성장이나 토착민 사회에 거의 영향을 미치지 않았다. 유럽과 중남미에서부터 설탕을 맛본 스페인 식민지 관리들이나 일부 필리핀 엘리트들에게는 설탕이 식생활에서 빠져서는 안 되는 중요한 요소였지만, 토착민들에게는 여전히 설탕보다 사탕수수 자체로 활용되는 비중이 높았다. 수출을 고려하기에는 생산량이 미미했다. 적어도 스페인 식민정부는 필리핀을 식민지로 삼은 후에도 200여 년간은 필리핀 설탕을 '산업화'하려는 생각이나 의지가 없었던 것으로 보인다.

그렇지만 1780년대 이후 스페인 식민정부는 필리핀에서의 식민 경영 전략을 바꾼다. 일련의 농업개혁 정책을 시행해 농업경제를 개발하고 상품 수출을 위한 농업활동을 강화하기 시작했다. 그리하여 자급자족 수준이었던 필리핀 농업은 잉여 생산을 위한 상업적 활동으로 바뀌어갔다. 식민 지배가 시작된 지 200여 년 만에 벌어진 변화였다. 이러한 변화는 순조롭게 진행되던 갤리온 무역이 한계에 다다른 이후 식민지 경영비를 벌기 위한 시도의 일환이었다. 200년 이상 지속된 갤리온 무역이 급작스럽게 쇠퇴한 이유는 세계적으로 노예제가 폐지되고 중남미의 스페인 식민지에서는 독립투쟁이 발발한 데 있었다. 다른 한편 스페인이 유럽 제국들 간 패권 경쟁에서 (당시 한창 팽창 중이던) 영국을 비롯한 유럽 제국들로부터 견제를 받으며 권력이 쇠퇴한 데서도 그 이유를 찾을 수 있다.

요컨대 남미의 노예노동에 기초했던 생산체제가 해체되고 갤리온 무역이 중단됨에 따라 식민지 경영에 필요한 자금을 현지에서 직접 조달할 필요가 있었던 스페인 식민정부는 필리핀에서 농업경제를 발전시키기 위해 여러 정책적 노력을 기울였다. 1778년 스페인 국왕 카를로스 3세(재위 1759~1788)는 필리핀에 새 총독 바스코 가르바스Basco y Vargas를 파견한다. 바스코는 필리핀에서 경제개혁을 추진했는데, 농업(특히 플랜테이션 농업)을 중심으로 수출 지향적인 경제를 발전시켜, 나아가 이를 설탕, 면직물 등 농가공업이나 제조업으로 연결시킨다는 것이 골자였다. 물론 이러한 개혁 방향은 필리핀이 아닌 스페인 식민당국의 이해에 맞춰져 있었다. 그는 개혁을 위해 제조업 제품 수입을 억제하는 등 다분히 보호무역적인 정책을 통해 필리핀 산업을 육성하고자 했다. 한편 식민정부는 필리핀 상품의 수출과 유럽 및 북미 지역과의 교역을 촉진하기 위해 1785년 레알꼼빠니아Real Compania de Philipinas(왕립 필리핀상사)를 설립했고, 이 회사에 필리핀과 스페인 본국 간의 직접 교역에 대한 독점적 권한을 부여했다(Corpuz 1997).

필리핀에서 상업적 플랜테이션 방식으로 생산되어 처음 해외에 수출된 것은 담배와 쪽이다. 1782년 담배 전매제와 더불어 농업의 지역적 전문화가 광범위하게 진행됐고, 담배 이외에 사탕수수와 마닐라삼을 전문적으로 재배하는 농장들이 등장했다. 하지만 담배와 쪽은 생산량이 많지 않았던 터라 사탕수수가 주목받기 시작했다. 19세기 초에 이르러서는 진정한 의미의 사탕수수 플랜테이션이 루손섬 중서부 딸락Tarlac과 팜팡가Pampanga(마닐라 북부의 곡창지대)에서 시작됐다. 플랜테이션을 통한 사탕수수 재배는 곧 마닐라 남부의 바탕가스Batangas를 비롯해 비사야스 지역의 여러 섬으로 확대됐고, 설탕은 곧 필리핀에서 가장 중요한 농산업으로 도약하게 된다. 시드니 민츠가 말한 '농-공업의 결합'으로서 남미식 하시엔다와 설탕산업의 초기 형태가 필리핀에서도 만들어진 것이다.

스페인 식민정부 자료에는 1795년 약 1,230만 페소어치에 달하는 담배가 스페인으로 수송됐다는 기록이 있다. 기존의 갤리온 무역은 필리핀이라는 나라를 유럽세계(주로 스페인과 그 식민지 네트워크)에 알리는 계기가 됐으나, 당시 마닐라는 갤리온 무역의 중간기착지 역할만을 수행했을 뿐 필리핀산 상품이 적극적으로 개발되거나 수출된 적은 없었다. 말라카해협과 인도양을 거치는 다른 동남아 국가들의 수출 루트와는 달리, 필리핀의 대스페인 수출은 태평양을 건너 이루어졌다. 규모는 작았지만 이를 기점으로 필리핀은 세계 경제에 한 요소로서 등장하게 됐다.

하지만 18세기 말에서 19세기 초에 걸쳐 시행됐던 일련의 개혁정책은 크게 성공하지 못했다. 가장 큰 이유는 이들 정책에 대한 스페인인의 협조나 참여가 거의 없었다는 점이다. 당시 필리핀에 거주하고 있던 스페인인들은 기본적으로 상업자본가들이었지, 농업자본가가 아니었다. 이들은 갤리온 무역과 같이 투기적 교역 행위를 선호했을 뿐, 많은 자본을 투자해 농장을 건설하고 이를 장기적인 계획을 갖고 경영하는 데에는 관심이 없었다. 스페인 국왕이 앞장서서 레알꼼빠니아 주식을 사는 등 투자를 독려했지만, 필리핀 내 스페인인들은 큰 관심을 보이지 않았다. 그렇게 정착 스페인인들을 통해 식민지 경영을 하려던 시도는 실패로 끝난 한편, 의도치 않게 필리핀 토착 상층 계급의 경제적 역할이 더욱 확대되는 계기가 마련됐다. 식민정부의 경제개혁을 기회로 삼고 활용한 이들은 스페인 이외의 유럽 투자자들과 필리핀의 상층 원주민이나 중국계 메스티조 엘리트들이었다(박승우 1998b).

개항(1834) 이후 필리핀 설탕(1): 영국의 영향과 수출의 본격화

18세기 말 스페인 식민당국의 농업개혁 의지에도 불구하고, 필리핀에 정착한 스페인인들은 농지 개간, 노동력 수급 등에 소요되는 초기 비용이 높은 플랜테이션 개발에 큰 관심을 두지 않았다. 이에 19세기 초부터 스페인인이 아닌 몇몇 모험적인 유럽인 농장주들이 플랜테이션 농장을 건설하고자 했다. 식민정부는 이들에게 스페인 왕실 소유지이자 국유지인 레알랑가Realangas를 무료로 제공하는 등 특혜를 베풀었다.

설탕을 비롯한 농업상품의 산업적 전환에 시동을 건 것은 스페인 정부였지만, 이 과정에서 거대 해외 수요지로서 영국의 등장을 빼놓고는 설명하기 어렵다. '해가 지지 않는 제국' 영국은 전 세계에서 설탕을 비롯한 온갖 자원을 빨아들여 만든 공산품을 수출하면서 17세기 이후 유럽 제국주의의 선두를 차지했다. 유럽 열강들 간 7년 전쟁(1756~1763)이 이어지던 때, 영국은 전쟁 막판에 스페인이 적국인 프랑스 편에 선 것을 이유로 유럽 이외의 지역에서 스페인을 응징하려는 계획을 세웠다. 1762년 스페인 식민지의 대표적 거점인 아메리카의 아바나와 동남아의 마닐라를 공격하는 계획이 수립된 바 있다. 권오신의 표현을 빌리자면, 유럽에서의 7년 전쟁의 '파편'이 필리핀에까지 날아들게 된 것이다(권오신 2012).

18세기 말 영국은 이미 힘의 우위에서 스페인을 압도하고 있었고, 1762년 10월부터 1764년 3월까지 1년 반 동안 마닐라를 점령하기도 했다. 짧은 점령이었지만 이는 필리핀 역사에 중요한 흔적을 남겼다. 당시 스페인은 필리핀을 다른 동남아시아 국가들과 차단된 '비밀스러운 아시아 식민지'로서 지배하고 있었다. 요컨대 (중국 상인들을 제외하고는) 외부 세계로부터 필리핀을 철저히 고립시켰다. 그런데 영국과의 전쟁에 이어 영국의 마닐라 점령으로 인해 필리핀은 외부 세계에 강제로 개방될 수밖에 없었다. 점령기에 영국은 필리핀이 중국, 인도 등 주변국들과 직접 교역하는 것을 허락했으며,

영국 이외에 프랑스, 독일의 상선과 군대도 필리핀을 찾았다. 이는 물론 필리핀 사회에 유럽의 새로운 문물과 사상이 유입되는 결과로 이어졌다. 영국 점령기가 끝나자 스페인은 필리핀에 대한 식민 지배를 재개했지만, 다른 서구 세력과 접촉했던 경험은 필리핀의 문화 개방과 세계 경제로의 편입을 더욱 가속화했다.

1820년대에는 마닐라에 영국 및 미국의 상사들이 주재하기 시작했다. 이들 상사가 필리핀산 상품을 직접 구매해 수출까지 연결시켰다.* 그리하여 1820년대 필리핀에서는 설탕, 면화, 인디고, 마닐라삼 수출이 큰 폭으로 늘어났으며, 1829년에는 설탕이 제1의 수출품으로 올랐다. 1834년에는 마닐라가 정식으로 개항했으며, 이후에는 중상주의적 보호무역이 아닌 자유무역하에서 수출용 상품작물의 재배 및 수출이 활성화됐다. 개항 이후부터 필리핀 설탕업은 산업으로서의 성격이 강해지기 시작한다. 1840년대 초에 이미 설탕, 담배, 마닐라삼 이 세 품목의 수출은 전체 수출의 87.4%에 이르렀다. 전체 수출 규모 또한 급증해 1840년 260만 달러에 불과했던 수출액은 20년 뒤인 1860년대에 1,000만 달러를 넘어섰고, 1870년에는 3,000만 달러까지 늘어났다(Billing 2003).

---

* 스페인 국영회사 레알꼼빠니아는 이러한 유럽 민간상사와의 경쟁에 밀려 결국 1834년에 해체된다(Corpuz 1997).

개항(1834) 이후 필리핀 설탕(2)
: 설탕 산지의 확대와 토착 엘리트의 등장

필리핀 설탕산업의 형성 및 변천 과정은 농촌 경관뿐 아니라 사회 구조에 커다란 변화를 불러왔다. 설탕의 산업화는 경관적인 측면에서 사탕수수 재배지를 필리핀 내에서 대표적인 단작monoculture 지대로 변환시켰고, 사회적인 측면에서는 지방 엘리트들(대농장주)이 출현하여 스페인 식민 세력(20세기 이후에는 미국 식민 세력)의 경제 정책에 충실히 호응하기 시작했다.

먼저 경관적인 측면을 살펴본다면, 필리핀 주요 곡창지대에 대규모 사탕수수 재배단지가 만들어졌다. 빽빽한 정글이 대규모 사탕수수 플랜테이션 지대로 바뀌면서 남미와 유사한 대농장, 즉 하시엔다가 출현했다. 설탕 수출량이 늘어남에 따라 50헥타르 이상의 하시엔다 이외에도 다양한 규모의 사탕수수 생산지가 나타났으며* 딸락, 팜팡가, 바탕가스, 라구나Laguna(마닐라 남부) 등 루손섬의 여러 지역을 비롯해 비사야스 제도의 여러 섬(파나이, 세부, 네그로스 등)이 주요 설탕 산지로 등장했다. 이러한 변화는 특히 루손섬 팜팡가 지역과 네그로스섬 서부에서 가장 전형적으로 나타났다(Larkin 1993).

---

* 마닐라 남부 바탕가스주에서는 1,000헥타르에 달하는 하시엔다가 만들어지기도 했다.

시기적으로는 루손섬이 먼저 18세기 말부터 핵심 설탕 산지로서 개발됐고, 이어 설탕 수출이 본격화된 19세기 중엽에는 네그로스 섬이 개발됐다. 이렇듯 루손섬 중남부의 전통적인 사탕수수 생산 지역은 '구경작지역old-settled area'으로, 네그로스섬을 중심으로 새롭게 발달한 사탕수수 경작지역은 '신경작지역newly-settled area'으로 구분하여 부르기도 한다(박승우 1998b). 구경작지대에는 50헥타르 이상, 심지어는 1,000헥타르에 이르는 대농장에서부터 소규모 농장들까지 다양한 규모의 사탕수수 재배지가 뒤섞여 있는 데 반해, 신경작지대는 처음부터 산업적 규모로 개발되기 시작하여 50헥타르 이상의 대농장이 다수를 점하고 있다.

필리핀의 설탕 산지 중 개발 과정에서 가장 극적인 변화를 겪은 곳은 비사야스 제도의 네그로스섬이다. 이 신경작지역에서 사탕수수 플랜테이션이 본격적으로 이루어진 것은 1850년경부터다. 네그로스는 원래 인구가 많지 않고, 제대로 된 산업도 발달하지 못한 섬이었다. 하지만 주요 무역항인 일로일로와 가깝다는 점이 크게 작용해 새로운 사탕수수 생산지로 떠오르게 됐다. 플랜테이션에 부족한 노동력은 이웃한 파나이섬과 세부 등지에서 충원됐다. 1850년 당시 네그로스섬의 전체 인구는 3만 5,000명 정도에 불과했는데, 1870년에는 10만 명, 1887년에는 37만 명으로 급증했다. 네그로스섬은 곧 필리핀 설탕 수출 물량의 절반가량을 담당할 정

그림 3-1 필리핀의 주요 사탕수수 재배지

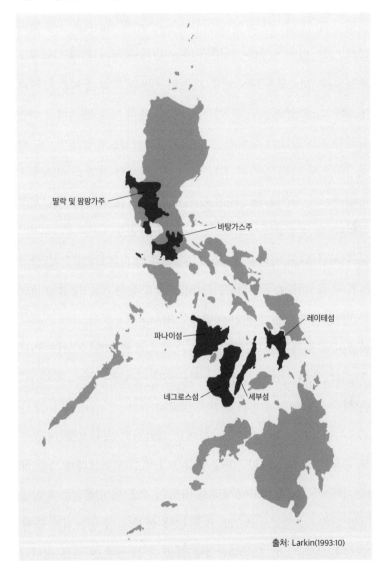

출처: Larkin(1993:10)

도로 가장 중요한 설탕 산지가 됐다.

다른 한편 이러한 설탕의 산업화는 중국계 메스티조들이 필리핀의 사회·경제적 엘리트로 성장하는 발판이 됐다. 앞서 설명했듯 개항 이후 대규모 설탕 산지를 만들어내는 데 앞장선 이들은 재리에 밝은 (스페인인이 아닌) 유럽인들이었다. 특히 이들은 스페인 식민 세력과 토착민들이 장악한 루손섬의 딸락이나 팜팡가가 아니라 비사야스의 여러 섬에서 사탕수수 플랜테이션 개발을 시도했다. 스페인 식민정부로부터 지원도 받았으나, 이들 대부분은 실패로 끝났다. 당시 플랜테이션 건설은 막대한 비용을 요구했고, 초기에는 투자금 회수 없이 비용만 감당해야 하는 등 리스크가 큰 사업이었다. 유럽인 농장주들은 이를 버텨낼 충분한 자금이 없는 경우가 많았고, 더욱이 스페인 식민정부로부터 제공받은 토지는 대부분 인구가 적거나 아니면 근대적 노동체제에 편입시키기 어려운 원주민들의 거주지여서 노동력을 확보하기 어려웠다. 결국 유럽인들은 사탕수수 농장에서 손을 떼고 떠났다.

유럽인들이 떠난 농장들은 차례로 필리핀의 토착 상층 계급 혹은 중국계 메스티조들의 손에 넘어갔다. 이들은 마닐라의 초기 도시 개발에 동원됐거나, 마닐라를 비롯한 주요 도시에서 스페인 정착민들이나 유럽인들이 필요로 하는 물품을 공급하는 일을 했다. 초기에 건설, 유통, 고리대금업을 통해 부를 쌓은 이들은 마닐라 인근의 농지를 사들이며 지주로 변모했고, 농촌에서도 소작농들을 대상으로 대부업을 하거나 농장에 인력을 공급하는 거간꾼 middleman 역할을 했다. 물론 여기서 얻은 수익으로 더 넓은 토지를 확보할 수 있었다. 18세기 중엽부터는 이들도 사탕수수, 면화, 후추, 인디고, 커피 등 환금작물을 재배해 생산물 대부분은 레알꼼빠니아에 판매하며 농업자본가로 변모했다.

19세기에 들어서면서 필리핀의 중국계 메스티조는 원주민 인종 집단과 구별하기 힘들거나 굳이 구별할 필요가 없을 정도로 현지화되어 있었다. 이들은 더 이상 중국계 아버지와 원주민 어머니 사이에서 태어난 혼혈 1세대가 아니라 이미 여러 세대를 거쳐 인종적으로 필리핀 토착민과 결합되어 있었다(박승우 2003). 그렇다 보니 이들은 유럽인들과 달리 현지 사회의 운영 원리에 익숙해 플랜테이션 경영에 성공할 수 있었다. 그리하여 19세기 후반 필리핀의 상업적 플랜테이션은 대체로 스페인계 정착 이주민을 포함하는 유럽인들이 아니라 현지 엘리트들에 의해 장악됐다. 1875년경 필리핀 전역에는 226개의 대농장(하시엔다)이 있었는데, 이 중 메스티조와 필리핀인들이 소유한 것은 165개, 스페인인이 소유한 것은 55개, 그 외 유럽인들이 소유한 것은 6개에 불과할 만큼 토착민의 경제적 우위는 굳건했다(김동택 1992).

토착민에 의한 대규모 토지 소유와 중상주의적 상업농의 발전은 소작제가 고착화되어 필리핀 토착 사회가 소수의 엘리트 계층과 다수의 소작농으로 분화되는 데에도 영향을 미쳤다. 라킨은 이러한 변화를 근거로, 비록 발전 속도는 느렸을지언정 스페인 식민지배 시기에 필리핀의 설탕산업은 근대화의 기초적인 특성을 지니게 됐다고 평가한다. 사탕수수 재배를 위해 토착화된 외국자본의 참여, 경제 행위의 철저한 분업, 플랜테이션 시스템의 적용 등이 그것이다. 사탕수수 농장은 분익소작(지주와 소작인이 수확물을 일정한 비율로 나누어 갖는 소작) 방식으로 운영됐다. 스페인 식민세력과 유럽 농장주들은 농장을 직접 운영하기보다는 잉낄리노Inquilino라 불리는 임대업자를 중간에 내세워 토지와 소작인들을 관리했는데, 이 잉깔리노들도 주로 중국계 메스티조였다. 잉낄리노는 처음에는 스페인 사제들이 교구의 토지를 농장으로 만드는 과정에서 직접 경영이 어려우니 중간 관리자로 고용된 이들이었다. 이들은 지주와 좋은 관계를 유지하면서 소작인들을 착취했고, 그 사이에서 부를 축적해 스스로 대토지 소유자가 될 수 있었다. 아이러니하지만 필리핀 독립운동을 주도한 지식인층인 일루스트라도Ilustrado('계몽된 사람'을 의미한다)들은 잉낄리노층의 자녀나 손자 세대에서 등장했다(박승우 1888).

미국 식민시대의 필리핀 설탕: 약속된 시장

잘 알려진 사실은 아니지만, 필리핀은 미국의 첫 번째이자 유일한 해외 식민지였다. 미국은 스페인과의 전쟁 끝에 1898년 파리 조약으로 종전협정을 맺으면서 2,000만 달러에 필리핀을 양도받는다. 주지하다시피 미국은 영국을 비롯한 유럽 제국들이 분할통치하던 아메리카 식민지였으나, 토착 자본가의 형성과 유럽식 혁명사상의 도입, 그리고 유럽 제국들과의 경제적 경쟁 와중에 힘을 키워 독립을 쟁취한 국가다.

미국의 독립은 자유주의와 노예 해방이라는 사상이 추동했고 그 자체로 근대적 공화국 성립의 가장 성공적인 사례라 할 수 있었는데, 그런 미국이 16세기 이후 전개된 유럽의 식민지 개척과 지배가 거의 종반에 이른 1900년경 새로운 식민지를 만들었다는 점은 상당히 역설적이다. 더욱이 미국은 영국과의 독립전쟁을 거쳐 식민지에서 독립한 나라였기 때문에 건국 이념에 반제국주의적 정서가 강했다. 때문에 많은 사학자들이 '미국'이라는 거대 국가가 제국으로 발돋움한 시점으로 미국-스페인 전쟁을 꼽기도 한다.

미국이 등장한 이후 필리핀 사회는 또 한 차례 커다란 변화의 소용돌이 안으로 끌려 들어갔다. 1909년 미국은 페인-알드리치Payne-Aldrich 관세법을 제정해 필리핀 농산물의 대미 수출에는 쿼터제(쿼터 이내는 무관세)를 도입하고, 미국의 대필리핀 수출 상품은 전면적인 무관세로 만들어버렸다. 명백하게 불평등한 관계였지만, 농업상품(설탕, 담배, 고무, 식물성 유지, 마닐라삼 등)을 생산하는 토착 엘리트들로서는 미국이라는 안정된 시장을 확보한 셈이었다. 1913년에는 언더우드-시몬스Underwood-Simons 관세법을 통해 필리핀 농산물의 대미 수출 관세가 전면 폐지됐다.

이러한 조처는 필리핀 지주 계급에게 엄청난 번영을 안겨주었을 뿐만 아니라 필리핀 설탕산업에도 질적인 변화를 가져왔다. 먼저 필리핀 내에서 사탕수수 재배지가 늘었고, 설탕 생산 방식이 근대화됐으며, 대미 수출이 대폭 확산됨에 따라 필리핀 설탕업이 세계 시장에 더욱 깊숙이 포섭됐다. 스페인의 식민 지배가 종결된 1890년대 말에서부터 미국 식민 지배의 절정에 해당하는 1930년대까지 필리핀의 농업생산물 수출은 약 600% 증가했다. 제1차 세계대전 중에 설탕 생산량이 줄어들었음에도 불구하고, 1916년 필리핀의 설탕 수출량은 80년 전, 정확히는 개항 이후 설탕 수출이 본격화된 1836년에 비해 무려 2,000% 이상 늘었다. 뿐만 아니라 설탕, 마닐라삼 등 수출용 작물의 생산 및 수출량이 급증했다. 이들이 전체 수출에서 차지하는 비중은 비약적으로 높아졌으며, 농업생산물은 거의 태평양을 건너 미국으로 향했다. 1930년대에 이미 필리핀 전체 수출량에서 미국이 차지하는 비중은 83%에 달했다(김동택 1992).

1920년대부터 1930년대 중반까지 필리핀 설탕산업은 최고의 전성기를 구가했는데, 이는 미국의 우산 아래 있었기 때문에 가능한 일이었다. 무관세로 미국시장에 수출된 필리핀산 농산물 중 설탕과 코코넛이 가장 큰 비중을 차지했다. 다른 한편 미국은 필리핀 농가공 부문에 집중적으로 투자했다. 미국과의 특수한 관계 속에서 필리핀 설탕산업에 많은 자금이 새롭게 유입되었는데, 이 자금은 주로 대규모 설탕 가공 및 정제시설 그리고 플랜테이션 농장과 공장을 연결하는 화물철도 건설에 활용되었다. 다음 쪽은 네그로스옥시덴탈Negros Occidental주(네그로스섬 서부와 북부에 걸쳐 있는 주)의 빅토리아스 밀링사Vicorias Milling Company의 자료 사진인데, 현대식 제당공장과 수확한 사탕수수 운반용 철도의 존재가 설탕산업의 규모를 짐작게 한다.*

가장 인상적인 변화는 슈가센트럴Sugar Central이라 불리는 현대식 제당공장이 크게 번성하기 시작한 것이다. 스페인 지배기에는 농장별로 설탕공장을 갖춘 형태였는데 규모와 무관하게 대체로 당밀을 제거하지 않은 비정제설탕 마스코바도를 생산하는 설비였다.

---

* 1919년에 설립된 이 회사는 여전히 필리핀의 주요 설탕생산공장이다. 농장과 슈가센트럴을 연결하는 사탕수수 철도는 1980년대 중반까지 운영되었으나 현재는 화물트럭이 그 역할을 대신하고 있다.

슈가센트럴과 사탕수수철도

하지만 새로운 미국 시장은 백색 설탕을 선호했고, 이에 원심 분리 과정centrifugal process을 필수적으로 갖춘 현대식 슈가센트럴 건설에 자본이 몰린 것이다. 대농장주들은 일종의 협동조합cooperative을 결성해 현대식 슈가센트럴을 공동운영하기도 했으나, 플랜테이션 소유와 무관한 슈가센트럴 운영자들이 설탕산업계의 새롭고 강력한 이해당사자로 등장하는 계기가 마련되었다. 해외자본(특히 미국)이 슈가센트럴에 다수 개입했지만 이미 사회경제적 엘리트로 성장한 현지 토착자본가들(주로 중국계)도 필리핀중앙은행Bangko Sentral ng Pilipinas을 통해 슈가센트럴의 건설과 운영에 영향을 미쳤다. 기존의 설탕산업계는 생산자planters와 수출업자exporters로 구성되었고, 생산자들에는 소규모 생산자(2~5헥타르)에서 대농장주까지 다양하게 존재했다. 하지만 슈가센트럴의 등장 이후 소규모 생산자들은 점점 떨어져나갔고 설탕산업계는 차츰 대규모 생산자와 제당공장 운영자 간의 힘겨루기를 중심으로 재편되었다(Friend 1963).

독립 이후 필리핀의 설탕산업: 슈가블록의 승리

제2차 세계대전이 끝나고 필리핀이 미국으로부터 독립한 이후에도 설탕산업은 필리핀에서 여전히 중요한 수출산업이었다. 1900년대 이후 설탕 이외에 코코넛 오일도 중요한 수출품으로 부상했지만, 코코넛은 설탕만큼의 사회경제적 변화를 초래하지 않았다. 사탕수수는 주로 슈가센트럴로 운반되어 가공을 거치며, 여기서 생산된 설탕의 상당량이 해외로 수출된다.

이 슈가센트럴은 1960년대 필리핀 전국에 25~27개 있었다가 1969~1970년에만 33개로 늘어났다(Nagano 1978). 그럼에도 슈가센트럴 수는 여전히 적었다. 1970년을 기준으로 하면, 슈가센트럴 한 곳에서 평균적으로 가공한 사탕수수 양은 무려 800곳의 사탕수수 농가에서 생산된 양이었다(농지 면적으로 치면 1만 헥타르에 달했다).

이처럼 가공업자 수가 매우 적어 사탕수수 유통 부문에서는 수요 과점 현상이 나타났고, 가공업자는 생산자에 비해 훨씬 우월한 입장에 서 있었다. 하지만 생산자들 내에도 불평등한 역학관계가 존재했다. 대규모 사탕수수 플랜테이션 소유주들은 소규모 농가에 비해 그 영향력이 비할 수 없을 만큼 컸다. 이들 중 일부는 슈가센트럴을 직접 운영하기도 했고, 그러지 않은 농장주들도 가공업자와 좀 더 유리한 조건으로 계약을 맺을 수 있었다. 반면 소규모 농장주들은 상당히 불리한 계약 조건을 감수해야 했다.

농업 부문에서의 과잉 발전은 역설적으로 타 산업의 피폐화를 불러왔다. 필리핀은 기초 공산품을 비롯해 거의 대부분의 제조업 상품을 미국으로부터 수입해야 했다. 제2차 세계대전 이후 필리핀의 정치경제는 슈가블록, 즉 대규모 사탕수수 농장주들과 수출용 농산물 가공업자 및 수출업자들을 중심으로 하는 집단과, 수입대체산업화 노선을 지지하는 국내산업 부르주아 집단 간 치열한 갈등의 장이 됐다(박승우 1994). 수입대체산업화란 일련의 보호주의적 수단을 동원해 식품 가공, 신발, 의류 등의 산업 창출을 적극 옹호함으로써 국내 수요를 수입이 아닌 산업화를 통해 해결하려는 계획이다. 이를 위해서는 국가가 환율, 수출입 등을 일정하게 제한하는 조치를 취하게 된다. 하지만 미국으로부터 상당한 이익을 얻고 있던 슈가블록은 무관세를 주장하는 자유무역 옹호자들이었다. 필리핀의 농업상품 생산 및 물류 비용은 국제적 기준에서 봤을 때 경쟁력을 가진 정도는 아니었지만, 미국 시장에 무관세로 진입함으로써 최종 시장에서는 충분한 경쟁력을 갖추고 있었다.

슈가블록은 1962년 필리핀이 페소화를 평가절하하고 외환 통제를 철폐하면서 개방경제체제를 공고히 함에 따라 국내 경제에서 중요한 정치적 승리를 거두었다. 여기에 더해 미국이 쿠바(당시 세계 최대의 설탕 수출국이었다)로부터 설탕 수입을 중단한 뒤, 그 수입량의 상당 부분을 필리핀에 할당했다. 그리하여 1960년대에 필리핀 설탕산업은 다시 한 번 괄목할 만한 성장을 기록했다(박승우 1998a). 수입대체산업화 세력과 슈가블록 세력 간의 갈등에서 후자가 거둔 승리는 안타깝게도 필리핀 정치경제의 발전을 가로막고 과두제가 고착화된 또 하나의 좌절이라 볼 수 있다.

마르코스 집권기의 설탕산업

필리핀의 마르코스Ferdinand Marcos 대통령(재임 1965~1986)은 21년
간 장기 집권한 독재자로 유명하다. 변호사 출신으로 1965년 대선
에서 10대 대통령으로 당선된 마르코스는 첫 번째 임기(1965~1969)
동안 '민주공화국'을 표방하며 농업 및 공업 개혁을 단행하는 등
개혁적 지도자로서의 면모를 보이기도 했고, 이에 1969년 선거에
서 재선에 성공했다. 하지만 1972년 계엄령을 선포하고 의회를 해
산시키며 독재자로서의 길을 걸었다. 이후 억압적인 국정 운영과
친인척을 중심으로 부정부패에 몰두하면서 필리핀의 정치·경제가
나락으로 떨어지는 결과를 낳았다.

계엄령을 선포한 이후 마르코스는 대통령령을 통해 농업 부문
의 '개혁'을 선언했다. 마르코스의 농지개혁은 주곡 작물인 쌀(과
옥수수) 부문과 상품작물인 사탕수수 부문에 상이한 결과를 가져
왔다. 마르코스 정부는 먼저 전국의 쌀 경작지에 대해 최대 농지
소유 규모를 7헥타르로 제한했다. 그 이상을 소유한 이들에게서
는 농지를 몰수해 소작농들에게 나눠주도록 했다. 완전한 무상몰
수, 무상분배는 아니어서 지주들은 몰수된 농지에 대해 2년 반 동
안의 생산물이 배상되도록 조처했고, 소작농들은 총 15년에 걸쳐
농지 대금을 상환하도록 조처했다. 이들 소작농은 자신이 경작하

던 차경지의 임시 소유자가 될 수 있었다. 1970년대에 걸쳐 지속적으로 진행된 농지개혁 결과, 수십 헥타르 이상의 대규모 미작米作 하시엔다는 거의 대부분 해체되는 등 긍정적인 결과를 가져왔다 (Hayami et al 1990). 하지만 일부 농장주들은 농지를 7헥타르 규모로 분할하여 가족 명의로 등기하거나, 쌀이나 옥수수가 아닌 다른 작물로 전환해 농지 몰수를 피하기도 했다. 물론 농지개혁의 수혜자도 있었다. 소작농에서 농지 이양서CLT를 받아 차지농이 됨으로써 안정적인 경작권 혹은 소유권을 확보한 이들이었다. 이들은 기존의 중소지주들과 함께 농촌의 새로운 상층계급을 형성했는데, 상당수는 더 이상 농사를 직접 짓지 않고 임노동자를 고용해 농지를 경작하도록 하는 동시에, 자신은 상업, 대금업, 농기계 대여 등으로 소득을 다변화했다. 여기에 필요한 자금은 CLT를 담보로 대출받았다. 이를 변제하지 못해 농지를 빼앗기는 경우도 자주 있었다. 농지개혁의 최대 피해자는 여기서 낙오된 수많은 소작농이었다. 이들은 기존의 경작권을 인정받지 못한 채 임노동자로 전락했다(박승우1998a).

그렇다면 설탕산업은 어떠했는가? 1970년대 중반 이후 필리핀 설탕산업은 심각한 위기에 직면한다. 농지개혁을 통한 대농장의 해체와 자작농 육성은 주곡인 쌀 재배지에서만 이루어졌을 뿐 상품작물이자 수출작물인 사탕수수에는 거의 영향을 미치지 못했다.

이미 형성되어 있던 슈가블록의 권력과 이권은 아무리 독재자라 해도 쉽게 빼앗을 수 있는 수준이 아니었던 것이다. 이에 마르코스와 그 주변 인물들은 새로운 방식을 취했다. 즉 상위기구를 만들어 설탕산업을 국가가 통제하도록 한 것이다. 1974년 필리핀 정부는 '필리핀설탕위원회PHILSUCOM(Philippine Sugar Commission)'와 '전국설탕유통공사NASUTRA(National Sugar Trading Corpoation)'를 설치하고 이를 통해 설탕 유통을 독점적으로 통제하기 시작했다. NASUTRA는 전국의 모든 슈가센트럴로부터 설탕을 독점적으로 구매해 이를 정부가 허가한 각 지역의 설탕 판매상이나 설탕을 원료로 사용하는 제조업자들에게 판매했으며, 설탕의 해외 수출 또한 독점했다.

한편 PHILSUCOM에는 설탕의 매입 가격을 책정하고 슈가센트럴을 인수·합병할 수 있는 권한이 부여됐다(Boyce 1993). 설탕산업의 과도한 경제력 집중을 완화하고 불합리한 유통 구조를 개선한다는 명분하에 취해진 조치였지만, 실질적인 의도는 전혀 다른 것이었다. 한편으로는 경제적 지배계급에 대한 국가의 통제력을 확보하면서, 다른 한편으로는 기존의 슈가블록 대신 마르코스 자신의 측근들로 하여금 설탕산업의 새로운 지배세력으로 등장하게 함으로써 독재체제를 강화하려는 의도가 숨어 있었다. 사실상 PHILSUCOM과 NASUTRA는 마르코스의 친인척이나 가까운 정치적 후원자들에게 완전히 장악됐다.

이러한 설탕산업 구조 개편에 대외적인 어려움까지 가중됐다. 1974년 미국의 필리핀 농산물에 대한 특혜관세가 철폐됨에 따라 필리핀 설탕은 미국이라는 의존적인 시장을 잃고 국제시장에서 다른 설탕과 함께 완전한 자유경쟁 상황에 놓였다. 당장 미국에 수출하는 설탕량이 300만 톤이나 감소했다. 국제적으로는 유럽 국가들(당시 ECC)이 자국의 사탕무 농부를 보호하기 위한 정책을 만들었다. 공동농업정책CAP(Common Agriculture Policy)이 그것이다. 유럽 국가들은 1970년대 제3세계로부터 연간 약 300만 톤에 달하는 설탕을 수입했는데, 이 정책을 수립한 이후 1979년부터는 설탕 수출에 나선다. 더불어 코카콜라와 같은 글로벌 음료회사들은 설탕 대신 고과당 옥수수 시럽을 사용하기 시작했다. 이러한 복합적인 위기 속에서 필리핀의 사탕수수 경작 면적은 1977년 57만 3,000헥타르에서 1985년 40만 7,000헥타르로 줄어들었다(NEDA 1986). 설탕 수출량도 마찬가지였다. 1974년 150만 톤을 기록했던 수출량은 1985년 57만 톤으로 급감했다. 설상가상으로 같은 시기 국제 설탕 가격이 하락하는 바람에 수출액은 87%나 감소했다(Boyce 1993). 그리하여 마르코스 집권 말기에 이르러 필리핀 설탕산업은 파멸 직전에까지 내몰렸다.

설탕 때문에 울다: 1984년 설탕섬 최악의 기아사태

많은 사탕수수 생산자들이 빚더미를 떠안아야 했다. 소규모 생산자들은 사탕수수 재배를 아예 포기하거나 다른 작물로 전환했다. 전국적으로 사탕수수 노동자들의 대량 실업 사태가 발생했으며, 사탕수수 생산자들은 사탕수수 판매가격 하락으로 인한 이윤 감소를 대부분 노동자들에게 전가했다. 이에 사탕수수 노동자들의 임금이 큰 폭으로 하락해 생계를 위협했다. 특히 섬 경제가 전적으로 설탕의 단작 플랜테이션 체제에 의존하던 네그로스옥시덴탈주에서는 수만 명이 기아 상태에 빠지고 수천 명이 굶어 죽는 최악의 상황까지 벌어졌다(Gonzaga 1987). 그리하여 1970년대 이전의 전통적인 사탕수수 생산체계는 커다란 변화에 직면했고, 이는 1980년대 필리핀 경제가 위기에 빠지게 된 주요 원인 중 하나였다.

1980년대 초반 국제 설탕가격 폭락은 필리핀, 특히 비사야스 지역에 크나큰 경제적 타격을 입혔다. 이러한 국제시장 조건의 악화에 더해 거듭된 가뭄, 태풍 등의 자연재해로 인해 비사야스 지역의 기아 문제가 국제적 이슈로 부상했다. 1984~1985년 사이 네그로스섬에서만 약 35만 명에 달하는 사탕수수 노동자와 그들의 가족에게 끔찍한 기아사태가 일어났으며, 이 섬은 순식간에 '아시아의 에티오피아'라는 오명을 얻게 됐다(Nagano 1988).

당시 네그로스섬은 전체 경작지의 80% 이상이 사탕수수 단일 작물로 고착된 상태였다. 설탕가격 폭락에 국제거래까지 중단되자 지주와 중간 관리자들은 섬을 빠져나가고, 사탕수수 하시엔다의 노동자들과 그 가족들만이 식량을 구할 수 없는 조건 속에 방치된 것이다. 이에 당시 네그로스섬의 가톨릭 지도자였던 포티치 신부는 서구 사회와 일본 등지에 긴급 지원 및 복구, 나아가 장기적인 농업개혁과 발전 프로젝트를 포함하는 국제원조를 요청했다(김기섭 2003).

마스코바도로 다시 일어서다: 원조가 아닌 교역의 시작

이 이야기를 이어 하려면, 잠시 1920년대로 돌아가야 한다. 1920년 대 이래 현대식 제당공장인 슈가센트럴이 건설되고 확산됨에 따라 필리핀 설탕산업은 중요한 변화를 겪는다. 1800년대까지는 비정제 설탕인 마스코바도가 주로 생산됐다면, 1900년대 이후로는 미국인들의 기호에 따라 백색 정제설탕이 주로 생산됐다. 마을 혹은 플랜테이션이 각각 소유했던 재래식 설탕공장은 쇠락하면서 슈가센트럴에 자리를 내주었고, 이에 따라 마스코바도의 상징체계도 변화했다. 1800년대 백설탕을 생산하는 정제기술이 일반화된 이후, 서구인들은 마스코바도를 정제설탕에 비해 가치가 떨어지는 것 혹은 낙후된 것으로 인식하기 시작했다. 이러한 과정을 거치면서 마스코바도는 '가난한 이들의 설탕poor man's sugar'이자 거친 음식으로 재이미지화re-imagination됐다. 하지만 대규모 하시엔다 외곽에 자리한 소농장 혹은 뒷마당에서의 사탕수수 재배는 이어졌고, 소수 설탕공장에서는 전통적인 방식으로 마스코바도를 생산해나갔다.

1980년대 국제 설탕가격 폭락에 가뭄과 태풍 등의 자연재해가 겹치면서 필리핀 최대의 설탕 산지 네그로스섬의 지역민들은 극심한 기아 상태에 놓이게 되었다. 이들의 상황에 가장 먼저 손을 내민 이들은 일본인들이었다. 일본 시민사회는 1986년 2월 네그로스를 돕기 위한 새로운 NGO인 네그로스캠페인일본위원회 JCNC(Japan Committee for Negros Campaign)를 결성하고 비상식량과 의료 지원 등의 긴급구호 활동에 들어갔다. 하지만 긴급구호는 말 그대로 긴급 처방이었기에 일본 시민사회는 보다 중장기적인 대안을 고민하기 시작했다. 이는 JCNC의 주요 구성원들 중에 농촌의 생산자와 도시의 소비자를 협동조합을 통해 연계하는 생협조직들이 있었기에 가능한 것이었다. 일본 생협단체들은 국제개발의 새로운 패러다임으로서 당시 서구사회와 제3세계 생산자들 사이를 연결하던 '원조가 아닌 교역trade-not-aid'에 주목했다. 이들은 네그로스섬을 공정무역과 연계시키기 위한 조직을 새롭게 출범시켰다. 1987년 설립된 '대안무역일본ATJ(Alter Trade Japan)'이라는 공정무역

조직이 그것이다. 이에 대한 카운터파트너 기관으로 네그로스 현지에는 대안무역법인ATC(Alter Trade Corporation)이 설립됐다. 이로써 네그로스의 가난한 생산자와 일본의 조직화된 소비자들 사이에 가교가 마련된 것이다. 1987년 3월 일본의 ATJ는 ATC를 통해 네그로스섬의 소규모 생산자들이 만든 마스코바도를 수입하기 시작한다.

일본 생협에 의해 시작된 필리핀 네그로스산 마스코바도 공정무역은 2004년부터 두레생협에 의해 '민중교역'이라는 이름으로 한국에도 도입되었다. 한국의 또 다른 생협 iCOOP은 2008년부터 네그로스의 이웃섬 파나이의 소규모 생산자들로부터 마스코바도를 수입해 조합원들에게 제공하고 있다.

필리핀의 설탕섬 네그로스는 설탕 때문에 기아에 허덕이는 가장 비참한 곳이 되었으나 설탕 덕분에 다시 공정무역이라는 희망의 불씨를 피워 올린 지역이 되었다. 오늘날에도 네그로스와 파나이 두 섬에는 필리핀의 공정무역운동을 가장 선도적으로 전개하는 민중조직들이 존재하고 있다. 네그로스섬과 파나이섬의 마스코바도는 공정무역 상품이 된 이후에도 공정무역 파트너 기관과 현지 생산조직 양자의 노력에 힘입어 유기농인증을 획득하면서 새로운 도약의 전기를 마련했다. 현재는 세계 농산물시장에서 건강과 유기농식품에 대한 관심이 높아지면서 마스코바도에 대한 관심이 되살아났다. 가난한 이들의 설탕이었던 마스코바도가, 유기농으로 재배되며 각종 영양소를 함유한 건강식품으로 새로이 주목받게 된 것이다. 이처럼 좀 더 건강한 대안을 찾는 소비자들의 선호 변화와 공정무역 관계망이 약속하는 안정적인 수급구조로 인해 현재 필리핀의 마스코바도는 새로운 활력을 부여받고 있다.

4장

파나이섬과
마스코바도

이 장의 주요 내용은 이전에 집필한 논문 〈공정무역 생산자의 조직화와 국제적 관계망: 필리핀 마스코바도 생산자조직을 사례로〉《공간과 사회》, 2010)와 iCOOP협동조합연구소의 연구용역과제 《공정무역을 통한 지역사회 역량강화: iCOOP생협과 PFTC/AFTC의 파트너십 연구》(아이쿱협동조합연구소, 2014)를 기초로 재구성한 것이다. 네그로스섬에도 바콜로드를 중심으로 설탕산업과 공정무역이 잘 발달해 있지만, 이 장은 파나이섬에서 마스코바도를 생산하는 이들을 집중적으로 다룬다. 나의 현지조사와 사회적 관계가 파나이섬과 PFTC 생산자조직으로 한정되어 있기 때문이다. 네그로스섬의 마스코바도 공정무역에 대해서는 김정희(2006)의 논문이나 에이피넷APnet 등에서 발간한 자료들을 참고하기를 권한다.

이들 생산자조직은 조합별로 자체적인 설탕공장을 소유하고 있다는 점에서 보다 특별하다. 관행적인 사탕수수 경작은 대부분 계약재배 방식으로 이루어지며, 사탕수수 수확과 동시에 중간수집상을 통해 지역 유력인사가 소유한 현대식 제당공장 슈가센트럴로 운반된다. 중간수집상과 슈가센트럴의 이윤이 농민에 비해 높을 수밖에 없는 구조다. 이에 비해 PFTC와 AFTC에 소속된 생산자조직들은 사탕수수 재배에서 마스코바도 생산까지 전 과정을 직접 관리하며, 그 과정에서 늘어나는 부가가치도 생산자 농민의 몫이자 지역공동체의 몫으로 남을 수 있게 된다. 각 지역 생산자조직의 설탕공장은 대부분 해외 파트너들의 저리 융자나 기부에 의해 건설되었는데, AFTC의 설탕공장은 한국 iCOOP생협의 조합원들과 임직원들의 지원으로 건설됐다.

파나이로 가는 길

파나이는 필리핀의 허리에 해당하는 비사야스 서쪽에 위치한 섬으로, 행정구역상으로는 제6지역region IV인 웨스턴 비사야스에 속한다. 이 책 2장에서 잠시 설명했듯 '비사야스'는 루손섬과 민다나오섬 사이에 위치한 여러 섬을 통칭하는 지명이다. 총 세 개의 행정지역으로 나뉘는데, 서쪽에서부터 차례로 비사야스, 센트럴 비사야스, 이스턴 비사야스가 자리 잡고 있다. 웨스턴 비사야스는 문자 그대로 비사야스의 가장 서쪽을 의미한다.

그런데 제6지역이 구분된 형태가 다소 독특하다. 파나이섬의 경우 섬 전체가 하나의 지역에 속했지만 남동쪽의 네그로스섬은 섬 서쪽(네그로스옥시덴탈주)은 웨스턴 비사야스 지역에, 섬 동쪽(네그로스오리엔탈주)은 세부가 포함된 센트럴 비사야스 지역에 속한다. 네그로스섬은 비사야스 제도의 여러 섬 중 두 번째로 큰 섬이다. 그런데 섬 서부와 동부가 서로 다른 지역에 속한 데다 산하의 행정구역도 덜 분화되어 있다. 인접한 파나이섬은 4개 주와 2개 도시로 구성되는 반면, 면적이 훨씬 넓은 네그로스섬은 2개 주와 2개 도시로 구성된다. 이는 다음 두 가지 이유로 설명할 수 있다.

그림 4-1 필리핀 웨스턴 비사야스주

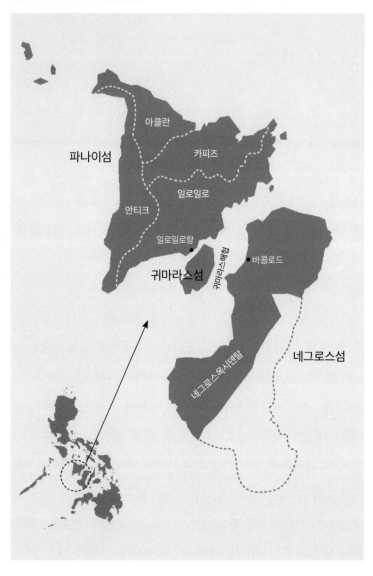

첫째는 네그로스섬이 본래 인구가 희박한 지역이었기 때문이다. 스페인 세력이 도래하기 전 네그로스섬은 하천과 바다가 맞닿아 있는 몇몇 지점을 제외하고는 전통사회의 거주지 발달이 적었고, 대신 열대우림이 빽빽하게 뒤덮고 있던 섬이다. 둘째는 이 섬이 '설탕섬'으로 개발된 과정과 관련이 깊다. 네그로스섬이 설탕섬으로 개발되기 시작한 것은 19세기인데, 이곳에서의 사탕수수 재배는 처음부터 산업적 규모로 이루어졌다. 사탕수수를 재배하는 소농들이 자연스럽게 자리를 잡기 전에 스페인 식민정부의 후원을 받은 외국인들이 대규모 농장을 조성하면서 소규모 마을이며 행정 단위가 만들어질 여유가 없었다. 지금 존재하는 바랑가이의 상당수는 설탕섬 개발이 본격화된 19세기 이후 인근 섬에서 이주해 온 이들에 의해 만들어진 것이다. 1970년대 형식적인 농지개혁을 거치면서 자기 땅을 갖게 된 중소농민들이 생겨났지만, 네그로스섬 주민들 대다수는 자작농이 아니라 대규모 플랜테이션 노동자로서 이 섬에 발을 디뎠고, 이들의 이동 경로는 이미 큰 항구로 발전한 파나이섬 남부의 일로일로를 통해서였다.

네그로스섬의 옥시덴탈주와 파나이섬은 이러한 역사적 배경을 바탕으로 하나의 지역이자 하나의 경제권으로 구성돼왔다. 이 지역에서 가장 오래된 도시이자 비사야스 제도의 대표적인 항구도시인 일로일로는 스페인 시대부터 (혹은 그 이전부터) 세부와 더불어 비사야스 지역에서 가장 큰 항구 중 하나였다. 초기에는 돛 직조기술을 바탕으로 한 섬유산업이 발달했으나, 네그로스섬이 설탕섬으로 개발된 후에는 네그로스섬과 파나이섬에서 생산된 설탕을 마닐라를 통해 혹은 해외로 직접 수출하는 창구로 그 기능이 크게 바뀌었다.

행정구역상 파나이섬은 크게 아클란Aklan, 앤티크Antique, 카피즈Capiz, 일로일로, 이렇게 네 개의 주로 구분된다. 남동쪽으로는 귀마라스해협Guimaras Strait을 사이에 두고 네그로스섬과 마주보고 있다. 인구는 약 430만 명이며(2015년 기준) 대표적인 도시는 남쪽의 일로일로시市로, 파나이섬 인구의 10%가 이 도시에 거주하고 있다. 섬 북쪽인 아클란주의 칼리보Kalibo 앞바다에는 한국인에게도 익숙한 천혜의 휴양지 보라카이섬이 있는데, 이 섬도 행정적으로는 파나이섬에 속한다.

스페인 식민 지배 이전의 필리핀에 관한 역사적 기록은 대체로 중국문헌을 통해 간접적으로 이해되어왔다. 그런데 최근 필리핀에서도 고고학과 민속학이 발전하면서 서구 세력이 도래하기 전 자국의 역사, 특히 지방사를 새롭게 정립하는 작업이 한창 진행 중이며, 이런 작업을 통해 스페인 세력이 도래하기 전의 토착사회가 역사의 영역으로 들어오게 됐다. 파나이섬에서는 심심안Simsiman이란 이름의 필리핀 토착사회의 유적이 발굴됐다. 그 외에도 독립된 다투 지배체계를 갖추었던 것으로 파악되는 마자아스Majha-as라는 부족 사회가 지방사의 가장 앞에 자리 잡게 됐다. 마자아스는 10세기에 동남아시아에서 가장 강력한 영향력을 행사한 해상국 스리비자야Sriwijaya(7~14세기 말레이반도, 수마트라, 자바섬을 지배한 해상왕국)와 관련이 깊다. 스페인 식민 지배가 시작되기 전에도 파나이섬은 이미 유럽, 이슬람, 중국 상인들이 거쳐가는 중요한 해상기착지였다. 이 섬은 쌀과 고기가 풍부해 다양한 국적과 규모의 상선들이 주요 항구로 활용했으며, 스페인 식민 지배 이전에 이미 교역, 선박 수리, 돛 직조 등의 경제활동이 성업을 이루고 있었다.

식민시대 이후에도 이 섬과 일로일로항은 중요하게 이용됐다. 일로일로시는 스페인이 필리핀을 점령할 때 세부에 이어 두 번째 정착지로 삼았던 지역으로, 천혜의 항구를 갖추고 있어 세부, 마닐라와 함께 필리핀 3대 항으로서 기능했다. 일로일로시의 구도심인 하로Jaro에서는 스페인 식민 지배기에 건설된 석조저택이며 아름다운 성당 등을 여전히 찾아볼 수 있다. 미국-스페인 전쟁이 발발했을 때, 마닐라를 빼앗긴 스페인이 일로일로를 잠시나마 수도로 삼았다는 기록도 있다. 한편 미국의 식민 지배기에 이 도시는 미국식 교육과 프로테스탄트 선교의 교두보 역할을 했다. 예컨대 1905년 일로일로시에 세워진 센트럴필리핀대학Central Philippine University은 록펠러재단이 설립한, 필리핀 최대의 침례교 기반 대학이다.

일로일로시 개발은 스페인 식민 지배 중 중국계 이주민과 남미 라틴계 이주민들이 들어온 후 성을 쌓고 요새화하는 가운데 이루어졌다. 18세기 말 일로일로는 전통사회보다 좀 더 규모 있는 직조산업을 발전시켰다. 당시 필리핀 서부 해안은 동남아, 중국, 일본 등을 오가는 유럽 상선들이 자주 출몰하는 지역이었다. 대부분 무동력 목조선이었기 때문에 항만에는 선박 건조장이 마련되어 있곤 했다.

일로일로는 비사야스 제도에서 가장 질 좋은 돛을 생산하는 항구였다. 때문에 일로일로 향토사학자들은 이 도시를 '필리핀 섬유의 수도'라 부르기도 한다. 이러한 섬유산업을 기반으로 섬 상류층이 형성되기도 했다. 하지만 19세기 중반 필리핀 항구들이 차례로 개항함에 따라 일로일로의 섬유산업은 크게 쇠퇴한다. 영국으로부터 상대적으로 값싼 섬유가 수입됐기 때문이다(Ramon Aboitiz Foundation 2014).

일로일로항은 19세기 중반, 좀 더 정확히는 1855년 개항 이후 또다른 목적으로 활용되기 시작하는데, 이는 비사야스 지역의 설탕산업 중흥과 궤를 같이한다. 당시 필리핀에서의 설탕 생산은 전통적인 방식을 넘어 산업적 단계로 이행하고 있었고, 루손섬을 벗어나 남쪽으로 확장 중이었다. 넓은 농경지와 최적의 항구를 갖춘 파나이도 설탕산업을 통해 발전을 구가했는데, 이는 영국인 사업가

니콜라스 로니Nicholas Loney에 의해 강력하게 추진됐다. 인근의 네그로스섬이 필리핀 최대의 설탕 산지로 개발되는 과정에서도 일로일로가 교두보 역할을 맡았다. 필리핀 설탕산업에 뛰어든 외국인 자본가들과, 일로일로를 중심으로 이미 지역의 경제적 엘리트로 성장한 일부 토착 가문들이 네그로스섬(특히 파나이섬과 마주보고 있는 서쪽 지역)에 대규모 사탕수수 하시엔다를 건설했다.

설탕산업은 이미 국제적인 산업이었다. 로니는 미국계 자본 (Russell & Co)을 끌어들여 농장 및 가공시설을 운영할 회사를 설립했다. 파나이섬과 네그로스섬에 식재된 사탕수수 삽수sugar cutting 는 수마트라에서 수입했으며, 가공시설에 필요한 기계는 영국과 스코틀랜드에서 들여왔다. 사탕수수 농장 건설은 초기 몇 년간 수익 없이 투자만 요구한다. 따라서 자금을 조달하기 위한 대출crop loans도 요구됐다. 이런 까닭에 일로일로항의 근대 유적지에서는 대저택과 항구시설만이 아니라 은행, 관세청 등 폭넓은 근대적 기구들이 발견된다(SRA 2013).

필리핀은 국가 전반적으로 제조업 기반이 부실하지만 그중에서도 웨스턴 비사야스는 설탕산업에 대한 의존도가 워낙 높아 다른 산업이 발달할 여지가 거의 없었다. 때문에 설탕산업이 쇠락한 뒤, 이를 대체할 산업이 마땅히 없었다. 전성기에 비하면 매우 축소된 규모이기야 하지만 여전히 필리핀 설탕산업의 절반 이상을 담당하고 있는 네그로스섬에서는 13개(전국에서 가장 많다)의 슈가센트럴이 운영 중이다. 하지만 설탕산업 이외에는 일자리가 충분치 않기 때문에 이 지역 젊은이들은 여전히 일자리를 찾아 루손섬의 대도시며 해외로 떠나곤 한다. 파나이섬, 특히 일로일로시는 일찍이 항구도시로서 교역 및 상업을 발전시켜본 경험이 있어 경제 사정이 조금 더 낫다. 오늘날에도 웨스턴 비사야스 내에서 무역, 상업, 의료 관광, 부동산 개발, 교육 부문을 이끌고 있다. 하지만 일로일로시를 제외한 농촌 지역의 상황은 네그로스섬과 크게 다르지 않다.

파나이공정무역센터의 출발

네그로스섬에서의 '원조가 아닌 교역' 즉 공정무역이 1980년대 말부터 시작됐다는 사실은 앞서 설명했다. 파나이섬에서의 공정무역은 이보다 시기적으로 조금 뒤인 1990년대 이후, 공정무역 상품을 찾는 유럽인들이 방문하면서부터 시작됐다.

먼저 루스 살리토Ruth Fe Salito라는 헌신적인 여성활동가를 소개해야 한다. 파나이공정무역센터PFTC(Panay Fair Trade Center)가 세워지는 데 루스의 역할이 지대했기 때문이다. 그녀는 지역 대학을 졸업한 후 1884년부터 KABALAKA라는 여성운동 NGO를 만들어 파나이섬 여성, 특히 도시 여성빈민들의 생계활동을 지원하는 일을 했다. 그렇다고 해서 루스 혼자 PFTC를 세운 것은 아니고, 그녀에게 공정무역에 대한 아이디어를 제공하고 공정무역 네트워크로 끌어들인 이들이 있었다. 이탈리아 공정무역단체인 CTM Altromercato였다.* PFTC가 만들어지고 발전하는 과정에 CTM은 깊이 관여했다. 나는 2008년 파나이섬을 처음 찾은 이후 루스와 여러 차례 만남을 가졌는데, 그녀와의 인터뷰를 통해 파악한 PFTC 설립 과정은 다음과 같다.

두 단체, 즉 KABALAKA와 CTM의 만남은 1990년에 처음 이루어졌다. CTM 대표인 루디 달비Rudi Dalvi가 일로일로에 방문해 당시 KABALAKA 대표였던 루스를 만났다. 사실 이들의 만남은 우연한 계기가 여러 겹 쌓인 결과였다. 1990년 당시 CTM은 유럽의 신생 공정무역단체로, 이탈리아 일부 지역에서 제3세계 특산품을 소개하고 판매하는 세계상점Worldshop 체인을 운영하고 있었는데, 달비는 이 상점에 진열할 상품을 찾아 부지런히 제3세계 생산자들과 접촉하던 중이었다. 그가 루스를 만나는 데에는 스위스 내셔널Swiss National이라는 또 다른 공정무역기구의 기술자가 끼어 있었는데, 이 기술자의 아내가 마침 일로일로 출신 필리핀 여성이었다고 한다.

---

* CTM은 공정무역과 협동조합운동을 핵심 사업으로 하는 이탈리아 사회단체로, 이탈리아 전역과 몇몇 유럽 국가에서 500여 개에 달하는 세계상점을 운영하고 있다.

어쨌든 CTM의 공정무역 참여 권유를 긍정적으로 검토한 KABALAKA와 루스는 1년간의 모색을 거쳐 35명의 여성이 참여하는 공정무역기업 파나이과일무역회사PFTC(Panay Fruits and Trading Corporation)를 설립한다. 이들이 처음에 염두에 두었던 상품은 마스코바도가 아니었다. 1980년대 이후 설탕의 기억은 지역민들에게 큰 쓸쓸함을 안겨주었고, 더군다나 KABALAKA의 주된 현장은 농촌이 아니라 일로일로시의 빈민 거주지였다. 이들은 농산물을 직접 생산하는 것이 아니라 인근 농촌에서 수급한 농산물을 가공해 수출하는 것을 목표로 삼았다. 부수적으로 지역 여성들이 만든 수공예품과 섬유 제품도 판매했다. 과일무역회사로서 PFTC가 수출 가능한 수준의 상품 개발에 성공한 것은 바나나칩이었다. 여성들은 일로일로시 인근 지역에서 발롱곤 바나나Balongon Banana(필리핀 토착종 바나나)를 수매해 이를 기름에 튀겨 만든 바나나칩을 CTM에 1992년 처음으로 납품했는데, 이것이 PFTC 최초의 공정무역 상품이었다.

그렇지만 바나나칩 가공이나 수공예품으로는 충분한 소득 창출이 어려웠다. 이때 떠오른 것이 마스코바도였다. 마침 유럽에서는 건강한 설탕에 대한 수요가 늘어나던 참이었다. 1990년대 초 이미 국제적으로 백설탕이 건강에 유해하다는 인식이 확산되던 차였고, 유럽과 필리핀의 고급 유기농 시장에서는 당밀을 포함한, 전통적인 방식으로 생산된 비정제설탕이 대안으로 떠오르고 있었다. 이에 PFTC에서도 마스코바도를 생산할 가능성을 찾기 시작했다.

마스코바도 생산의 시작

PFTC 전환의 계기는 머지않아 다가왔다. 대표였던 루스는 1992년 마닐라에서 개최된 국제공정무역기구 국제회의Biennial IFTA Conference 에 CTM의 초청을 받아 참석했다. 그녀는 이 국제회의를 통해 만난 여러 국가의 공정무역 생산자 및 구매기관을 비롯한 참가자들 중 일부를 일로일로로 초대했다. 이들은 도시의 빈민여성조직 PFTC, 농민조직 PITAFA와 면담을 나누고, PITAFA가 위치한 하니웨이군Municipality of Janiuay 바디앙간Badiangan 바랑가이의 생산지를 직접 방문해 마스코바도 생산 재개 가능성을 점검했다. 이렇게 PITAFA와 PFTC가 생산한 마스코바도는 1993년부터 CTM을 통해 이탈리아를 비롯한 유럽시장에 판매되기 시작했으며, 이를 계기로 PFTC는 유럽공정무역연합EFTA(European Fair Trade Association)* 에 공정무역 생산자로 공식 등록됐다.

* EFTA는 1987년 UK 옥스팜 등 유럽의 11개 주요 공정무역단체가 결성한 지역단체이며, 2004년 세계공정무역기구WFTO(World Fair Trade Organization)가 결성된 이후엔 WFTO Europe이라 불리고 있다.

1994년 PFTC는 여성 중심 조직에서 생산자와 노동자를 포괄하는 다영역 구조multi-sectoral structure의 조직으로 탈바꿈했고, '파나이 과일무역회사'라는 명칭은 파나이공정무역센터PFTC(Panay Fair Trade Center)로 바뀌었다. 요컨대 공정무역을 중심으로 조직 구성을 바꾼 것인데, 이후 PFTC의 주력 상품 역시 유탕 바나나칩에서 마스코바도로 전환됐다. 이처럼 PFTC가 사탕수수 농민 및 마스코바도 생산자 중심의 조직으로 거듭나면서, 초기에 조직의 기반을 닦았던 루스 살리토 초대 대표는 파나이공정무역재단PFTF(Panay Fair Trade Foundation)이라는 조직을 새로이 만들어 파나이섬의 공정무역을 후방 지원하는 역할을 맡았다. 이러한 결정에 대해 루스는 자신이 가장 잘할 수 있는 일은 농사가 아니라 도시 빈민여성들을 위한 교육과 훈련이며, 자신의 전문분야로 돌아간 것이라 설명했다. PFTF를 운영하면서도 그녀는 PFTC의 이사로 참여하면서 파나이섬의 공정무역에 대한 주요 의사결정에는 계속 관여하고 있다.

1993년 첫 수출은 명맥이 거의 끊겼던 마스코바도 산업이 파나이섬에서 재개되는 발판을 마련했다. PFTC의 첫 번째 사탕수수 재배 생산자 파트너는 하니웨이 바디앙간 지역을 기반으로 한 PITAFA였다. 곧 같은 군의 다봉Dabong 바랑가이의 KAMADA와 인근 미나군Municipality of Mina의 MOFAWA가 PFTC의 유관 생산자 조직으로 결합했다. 곧 KAMADA의 사탕수수 생산량이 PITAFA

를 앞지르기 시작했고, 1995~1996년 사이 격차는 6배 이상으로 늘어났다. KAMADA의 생산성이 이렇게 높아진 배경에는 지도력을 갖춘 농민운동가가 있었다. 1980년대 필리핀에서는 민주화운동이 치열하게 진행됐다(피플파워). 대학 재학 중 민주화운동을 경험한 세대는 다양한 방식의 사회 진출을 모색했고, 그중 일부는 농민운동에 투신했다. 특히 KAMADA에 이런 이들이 다수 포진해 있었는데, 이들은 지역 농민을 공정무역 사탕수수 생산자로 양성하는 한편, PFTC가 생산자들 연합 조직으로서 역할할 수 있도록 체계를 갖추는 일에 참여했다.

KAMADA의 생산량이 증가하자 PFTC는 또 다른 변화를 준비한다. 이들은 생산자조직에서 자체적인 설탕공장Sugar Mill을 소유하겠다는 계획을 세운다. PFTC가 새로이 건립하려는 설탕공장은 전통적인 방식으로 마스코바도를 생산하되, 품질과 위생을 현대적으로 관리할 수 있는 시설이었다. 이들은 상급 단위인 PFTC와 가장 긴밀한 연관성을 지닌 구매조직인 CTM에게 마스코바도를 생산할 수 있는 설탕공장의 건립을 공식 요청하였다. 이를 긍정적으로 검토한 CTM은 이탈리아 볼자노Bolzano 지방자치정부의 지원을 받아 1997년 다봉 현지에 현대식 시설을 갖춘 소규모 설탕공장을 건립했다. 이 설탕공장은 상급 단위인 PFTC가 아니라 농민조직인 KAMADA이 직접 소유한다는 점에서 PFTC가 지향하는 '공정무

역을 통한 자립'이라는 목표에 한 발 더 다가가는 계기가 됐다고 평
가할 수 있다.

사회적 경제를 실천하는 PFTC

PFTC는 생산자조합 및 노동자조합, 일로일로시의 시민사회 세
력에 의해 설립된 일종의 사회적 기업이며, 이들을 대표하는 우산
조직umbrella organization이다. 다른 한편 PFTC는 공정무역의 국제적
네트워크 안에서 파나이산 마스코바도의 최종 포장과 선적 수출
을 담당하는 생산국의 수출 전문 기업으로서 기능한다. 관행무역
안에서 생산 조직과 무역 조직이 구분되어 있다면, 공정무역기구
인 PFTC는 이러한 이중적 기능을 동시에 수행하고 있다.

〈그림 4-2〉는 PFTC에 대한 조사 내용을 바탕으로 이 조직의
국내/국제 네트워크를 그림으로 옮겨본 것이다. 그림 왼쪽에 있는
5개의 조직은 일로일로주와 앤티크주에 펼쳐져 있는 사탕수수 재
배농민들의 조직명이다. PFTC의 아래에 위치한 3개 조직은 공장
에서 마스코바도의 소분 및 포장 그리고 마스코바도 이외의 상품
들을 가공·제조하는 노동자조직이다. PFTC는 이상의 생산자들과
노동자들의 우산조직이자 결사체로서의 성격을 지닌다. 다른 한편
PFTC는 외국 파트너들과 계약 관계를 맺고 마스코바도 등 공정무

그림 4-2 PFTC의 국내/국제 네트워크(2014년 이후)

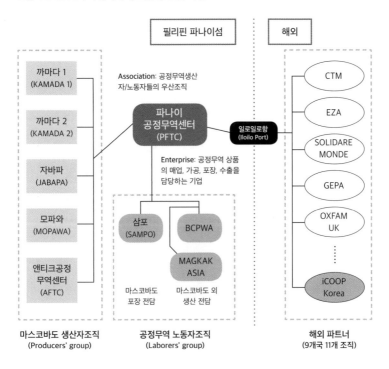

역 상품의 생산 조직화 및 무역을 전담하는 전문기업이다.

이 같은 PFTC의 운영 원리는 수년 전부터 한국에서도 활발해
진 사회적 경제, 보다 구체적으로는 협동조합의 운영 원리와 유사
한 점이 많다. 협동조합에 대한 가장 고전적인 정의는 "공동으로
소유되고 민주적으로 운영되는 사업체enterprise를 통해 공통의 경
제적·사회적·문화적 필요와 욕구를 충족시키고자 하는 사람들이

자발적으로 결성한 자율적인 조직association"이다. 다시 말해 협동조합의 핵심은 경제활동을 중심에 둔 기업체이면서도 구성원들의 자발적 소유와 민주적 운영 원리를 강조하는 결사체association의 성격을 동시에 추구한다는 점인데, 그런 점에서 PFTC도 협동조합에 준한다고 볼 수 있다. 실제로 세계의 공정무역 전문 단체들 중 협동조합의 형태를 취하고 있는 조직들이 상당히 많다.

PFTC 본부는 일로일로시에서 남서쪽으로 차량으로 약 40분 정도 떨어진 오똔군Municipality of Oton에 자리해 있다. PFTC가 스스로 정의하는 조직의 정의는 다음과 같다.

> PFTC는 파나이 민중조직이 소유한 사업체다. PFTC는 파트너인 민중조직을 위한 자원 만들기, 민중에 의해 생산된 환경친화적 농산품의 거래, 민중조직들을 위한 기술지원 서비스 제공 등을 수행한다(PFTC 2009).

형식적인 면에서 PFTC는 필리핀 주식거래소에 공식 등록된 일종의 사업체로 최고의결기구는 이사회이고, 평상시에는 상주 직원 중 임원들의 모임인 경영위원회에 의해 일상적인 업무 진행이 이루어진다. 내가 이 조직을 처음 방문한 2009년 8월 기준 PFTC에는 임원과 일반 직원을 포함하여 총 24명의 상주 직원이 근무하고 있

표 4-1 PFTC 유관 민중조직

조직명	원명칭	의미	회원 수	비고
KAMADA	Katillingban sang Mangunguma sa Dabong	다봉지역 농민집단	74명	생산자조직 (다봉 소재)
JABAFA	Janiuay Badiangan Farmers Association	하니웨이 바디앙간 농민연합	68명	생산자조직 (바디앙간 소재)
MOFAWA	Mina Organic Farmers and Workers Association	미나유기농 및 노동자 연합	61명	생산자조직 (미나군 소재)
AKC	Antique Kauswagan (development) Center	앤티크 발전센터	58명	생산자조직 (앤티크주 벨리슨 소재)
SAMPCO	San Antonio Multipurpose Cooperative	산안토니오 다목적 협동조합	19명	마스코바도 포장 (도시빈민여성조직)
BCPWA	Banana Chips Producers and Workers Association	바나나칩 생산자 및 노동자 연합	39명	바나나칩 생산 및 가공 (도시빈민여성조직)
NAGKAKAISA	Nagakaisa nga Kababainhan nga Imol as Syudad**	도시빈민 여성연합	67명	바나나칩 포장 (도시빈민여성조직)

* 회색 표시는 사탕수수 재배 및 마스코바도 생산자조직으로, 회원 수는 2014년 기준이다. 음영 처리되지 않은 아래 세 단체(오똔군 도시 지역의 유관단체)의 회원 수는 2008년 기준이다.

** NAGKAKAISA의 원명칭을 문자 그대로 풀이하면, 쉬다드연합도시여성연맹United city women's alliance in the Syudad이다. 쉬다드는 일로일로시 인근에 있는 대표적인 무주택 빈민squatter 거주지역이다.

었다. 당시 이사회는 PFTC의 대표인 로메오 카팔라Romeo Capalla, PFTC의 설립자이자 당시에는 파나이공정무역재단 대표였던 루스 살리토 그리고 세 곳의 생산자조합(KAMADA, JABAFA, MOFAWA)의 농민대표 이렇게 총 5명으로 구성되어 있었다. PFTC의 우산 아래 존재하는 혹은 협력관계에 있는 민중조직은 〈표 4-1〉과 같다.

〈표 4-1〉에서 위의 네 조직은 사탕수수 재배 및 마스코바도를 생산하는 농민생산자조합이며, 나머지 세 단체는 일로일로와 오똔군의 도시 지역을 기반으로 한 주민조직과 여성조직이다. 농민들로 구성된 생산자조직의 구성원들은 각자의 토지(소유 및 소작 포함)에서 사탕수수를 재배하고, 연말에 수확철이 되면 개별 생산조직에서 공동으로 소유한 소규모 설탕공장에서 마스코바도를 생산한다. 아래 3개 조직은 PFTC 본사에서 근무하는 주민 및 빈민여성들의 조직으로, 이들은 1차적으로 농민조직에서 생산한 마스코

표 4-2 **PFTC의 글로벌 파트너 및 연도별 마스코바도 수출량**　　　　단위: 킬로그램

파트너조직	2009년	2010년	2011년	2012년
CTM	242,720	256,300	268,820	313,670
S-Monde	19,440	75,600	28,080	38,000
EZA	10,500	18,600	28,000	21,000
A-Tres	31,730	33,000	26,000	13,320
DWP	14,500	14,000	21,758	18,408
Welsun Hongkong	2,500	2,000		2,000
iCOOP Korea	18,000	46,000	94,000	86,000
Wachachai Japan	1,000			1,000
합계	340,390	445,500	466,658	493,598

바도를 수출하기 전 소분하고 포장하는 일을 담당하거나 마스코 바도 이외에 PFTC가 생산하는 2차 공정무역 상품(바나나칩과 생강젤리 등)의 생산, 포장, 상차 업무를 담당한다.

파나이의 마스코바도 생산자들

PFTC의 구성 및 운영에서 주된 역할은 농민 생산자들이 맡는다. 운영위원회에도 참여하는 3개의 농민조직은 모두 일로일로주에 자리하며, 각각 다봉 바랑가이, 바디앙간 바랑가이, 미나군이라는 행정단위를 중심으로 조직되어 있다. PFTC에 의해 조직된 네 번째 농민생산자조직 AKC는 일로일로주의 경계를 벗어나 서쪽의 안티크주에서 2010년 새롭게 구성된 생산자조직이다. 이 새로운 생산자조직은 PFTC의 한국 파트너이자 한국의 대표적인 소비자생협 중 하나인 iCOOP생협의 지원으로 만들어졌다. 궁극적으로는 PFTC처럼 생산조직, 가공조직, 무역회사를 겸할 수 있는 독립법인 앤티크공정무역센터AFTC(Antique Fair Trade Center)를 지향하지만, 아직까지는 충분한 자체 역량이 확보된 것이 아니어서 마스코바도 생산 및 수출은 PFTC의 지원을 받아 이루어지고 있다. (이에 관해서는 '한국 생협과 마스코바도 생산자조직의 만남' 절에서 구체적으로 설명할 것이다.)

각각의 생산자조직은 대략 60~80명 내외의 회원(생산자)으로 구성되어 있다. 이들은 주로 3헥타르 이하의 토지를 소유한 빈농들로, 토지를 소유하지 않은 여성에게는 우선권이 부여된다. 회원가입 절차는 간단하다. 공정무역과 유기농 재배에 대한 의향을 묻고 본인이 동의하면 되는데, 현재 조직된 생산자들은 각 조직이 소유한 설탕공장의 생산 가용량에 맞춘 최대치이기 때문에 신규회원을 들이기 어려운 상황이다. 어쨌든 회원이 되려면 3개월간의 수습기간을 거쳐야 하여, 수습기간이 끝나면 생산자조직 이사회에서 가입 여부를 최종 판단한다. 입회비는 50필리핀페소이며, 가입 시에만 지불한다.

이들 생산자조직은 조합별로 자체적인 설탕공장을 소유하고 있다는 점에서 보다 특별하다. 관행적인 사탕수수 경작은 대부분 계약재배 방식으로 이루어지며, 사탕수수 수확과 동시에 중간수집상을 통해 지역 유력인사가 소유한 현대식 제당공장 슈가센트럴로 운반된다. 이 공장에서 사탕수수가 설탕으로 만들어지는데, 당밀이 제거된 분밀당 형태로 생산된다. 신선도를 유지하려면 사탕수수는 수확 후 이틀 이내에 가공되어야 한다. 때문에 수확철에 중간수집상을 비롯해 공장 가동은 매우 신속하고 규모 있게 진행된다. 중간수집상과 슈가센트럴의 이윤이 농민에 비해 높을 수밖에 없는 구조다. 이에 비해 PFTC와 AFTC에 소속된 생산자조직들

표 4-3 PFTC/AFTC 마스코바도 생산시기(2012/2013)

생산조직	회원 수	생산시기	생산량(킬로그램)
AFTC	58	2012년 11월 22~28일	50,000
KAMADA 1	74	2012년 11월 26일~12월 2일	221,700
KAMADA 2		2012년 11월 27일~12월 3일	
JABAFA	68	2012년 12월 04~10일	184,093
MOFAWA	61	2012년 12월 07~13일	243,067

표 4-4 생산조직별 마스코바도 생산량   단위: 킬로그램

	2011/2012	2012/2013	2013/2014*
JABAFA	207,584	184,093	300,000
MOFAWA	235,952	243,067	330,000
KAMADA 1	207,584	221,700	350,000
KAMADA 2			
AFTC	25,000	50,000	80,000

은 조합 소유의 설탕공장에서 마스코바도를 생산하고 벌크 단위
로 수출업무를 담당하는 PFTC에 판매하는 형식을 취한다. 다시
말해 사탕수수 재배에서 마스코바도 생산까지 전 과정이 5개 생산
자조직(KAMADA는 설탕공장을 소유한 생산자조직이 2개다)의 권한하에
직접 이루어지며, 그 과정에서 늘어나는 부가가치도 생산자 농민
의 몫이자 지역공동체의 몫으로 남을 수 있게 된다. 각 지역 생산

자조직의 설탕공장은 대부분 해외 파트너들의 저리 융자나 기부에 의해 건설되었는데, AFTC의 설탕공장은 한국 iCOOP생협의 조합원들과 임직원들의 지원으로 건설됐다.

필리핀에서 사탕수수 농사는 5월 말에서 6월 초 사탕수수 묘목을 식재하는 것에서부터 시작된다.* 6개월간 고온다습한 환경에서 자란 사탕수수는 5개월이 넘어설 즈음엔 2.5미터 내외까지 커지며, 윗부분에 수염처럼 길게 뻗은 잔꽃망울이 맺히기 시작한다. 수확은 개화 전에 이루어지며, 수확된 사탕수수는 생산조직이 소유한 설탕공장으로 보내져서 일련의 가공 과정을 거쳐 마스코바도로 만들어진다. 매년 11월 초 생산자조직의 설탕공장 대표자와 PFTC 관리자들 간의 회의를 거쳐, 각 생산조직별 수확량과 마스코바도 생산시기를 조율하는 과정을 거친다. 〈표 4-3〉은 2012년도 기준 PFTC/AFTC의 단위별 회원 수, 마스코바도 생산시기, 생산량을 정리한 것이며, 〈표 4-4〉는 5개 설탕공장의 2011년 이후 마스코바도 생산량을 연도별로 정리한 것이다.

---

* 사탕수수 식재 방법은 두 가지다. 하나는 뿌리가 달린 어린 묘목seedling을 직접 땅에 심는 것이며, 다른 하나는 꽃피기 전의 사탕수수 줄기의 윗부분을 15센티미터 남짓으로 잘라 꺾꽂이하듯 흙 속에 비스듬히 꽂는 것이다. 마스코바도 생산 시에는 두 번째 꺾꽂이 방식이 더 일반적이다. 통상 이 묘목을 'seed pieces' 혹은 'sets' 등으로 부르는데, 파나이섬 생산자들은 이를 'cane point', 혹은 'patdan'이라 부르고 있었다.

PFTC의 지역사회에 대한 경제적 기여

2014년 기준 PFTC가 파나이섬에서 생산해 수출한 설탕은 중량으로는 약 500톤, 수출액으로는 약 95만 달러 내외로 추정된다.* PFTC가 해외로 공정무역 상품들을 수출하여 얻은 소득은 다양한 형태로 파나이섬 내의 경제 활성화에 기여한다. 우선적으로 해외수출을 통해 PFTC가 획득한 수입은 조세 형태로 오똔군에 납부된다. 관계자와의 인터뷰에 따르면, PFTC는 특별한 산업시설이 존재하지 않는 오똔군 내에서 수년간 최대 세금납부 기업이었다.**

이렇게 PFTC를 중심으로 설정된 공정무역 관계의 혜택은 실질적으로 생산자와 노동자들에게 고용과 예측 가능한 수입원을 제공한다는 점에서 또한 지역사회에 경제적 기여를 실현하고 있다. 구체적으로 마스코바도 생산과정에서, 최초 생산자에서 포장 및 판매 사업체인 PFTC에 이르는 과정은 각각 생산량 대비 판매-구매의 거래원칙에 따라 이루어진다. 예컨대 개별 농민들은 수확한 사탕수수를 1킬로그램당 26필리핀페소에 자신이 소속된 생산자조합

---

* 수출액은 2013년 PFTC의 연차보고서를 근거로 2014년 수출물량에 따른 금액을 추정한 것이다. PFTC는 2011년 AFTC 설탕공장 설립과 생산 개시로 생산량이 크게 늘었으며, 현재도 당시의 수준이 유지되고 있다.
** PFTC 직원 인터뷰(2009/08/25).

에 판매한다. 통상 50킬로그램 단위로 가격이 지불되는데, 환산하면 1,300필리핀페소/50킬로그램을 조합이 생산자들에게 지불하는 셈이다. 구매된 사탕수수는 생산자조합이 소유한 공장에서 일련의 가공 과정(착즙→침전→결정화)을 거쳐 마스코바도로 만들어진다. 이렇게 생산된 덩어리 상태의 마스코바도는 PFTC에 1킬로그램당 31필리핀페소에 판매되며, PFTC는 해외 구매자들과의 계약 조건에 따라 파쇄 및 포장 작업을 거쳐 수출하는 것이다.

생산자조직이 주로 일로일로 인근 농촌 지역의 농민들로 구성되는 것에 비해, 상품의 가공 및 포장을 담당하는 노동자들은 일로일로 도심 지역의 빈민여성들이 대부분이다. 이들은 다양한 민중조직이나 협동조합에 소속되어 있으며, PFTC 사무실과 같이 있는 가공 및 포장 공장에서 근무한다. 마스코바도의 경우 생산주기가 6개월 안에 완료되기 때문에 대부분 일용직으로 근무한다. 각 조직은 구성원 모두가 혜택을 누리도록 순환 업무 방식을 택하고 있다. 바나나 껍질 벗기기, 가공, 포장에 이르는 공장 내 작업에 대해 2009년 현재 책정된 임금은 일의 경중에 따라 205~250필리핀페소가 지급되는데, 이는 일로일로 도시 노동자의 일당인 220필리핀페소와 비슷한 수준이다. PFTC 관계자의 설명에 따르면, 일당 수준은 비슷한 대신 선계약에 의해 노동의 안정성을 보장한다는 측면에서 노동자들에게 혜택이 된다고 설명한다.

PFTC의 조직적 발전과 정체성

나는 공정무역 전문단체로서의 PFTC에 대한 연구조사를 통해 이 조직이 다음 네 가지 측면에서 조직적 발전을 이루었다고 평가했다(엄은희 2010).

첫째, 공정무역 내에서 대등한 생산자조직으로 발전했다. PFTC가 지역의 한계와 국경의 벽을 넘어 국제 공정무역 네트워크에 진입하기까지 이탈리아 공정무역단체인 CTM의 역할은 매우 중요했다. CTM은 PFTC가 출범하는 것에서부터 유럽의 공정무역 시장에 진입하고, 공정무역 파트너를 확대하기까지 중요한 역할을 해왔다.* 그러나 PFTC와 CTM의 관계는 구매자 주도형 상품사슬처럼 일방적이라 할 수 없으며, 일종의 협력적 네트워크 관계로 보는 것이 합당하다. 이 두 조직 간 상호작용에서 공짜, 즉 무상제공은 없었기 때문이다. 예컨대 PFTC의 사무실과 공장시설 그리고 다봉 바랑가이의 농민조합 소유 설탕공장은 모두 CTM의 중개에 의해 이탈리아 한 지방정부의 지원금으로 설립됐다. 하지만 PFTC는

---

* PFTC의 초대 대표인 루스는 PFTC의 발전과 안정화에 있어 CTM이 해왔던 역할을 다음과 같이 정리해주었다. ① PFTC의 설립 당시 바나나칩 주문량에 해당하는 대금을 선지급해주었으며, 바나나칩 생산설비의 건설 비용을 보조했다. ② PFTC가 사무실과 공장시설을 완성할 수 있도록 저리 융자를 제공했다. ③ CTM은 설탕공장 건설 및 개선, 유기농 전환과 인증 등 공정무역에 필요한 기술을 보조하고, 자금 지원이 가능하도록 다른 조직(혹은 지방자치정부)과의 연계를 주선했다.

CTM에 공급하는 물품대금 내에서 본사 및 공장 건설비용을 5년간 공제하면서 이 지원금을 갚았다. 이러한 선융자 후공제 방식으로 현재 PFTC의 본사 건물과 부속 공장은 오롯이 PFTC 소유가 됐다. PFTC의 생산자조직들이 소유한 세 개의 설탕공장도 모두 이러한 방식으로 건설되었음을 주목할 필요가 있다.

둘째, 유기농 전환과 기업가적 성장을 스스로 이루었다. 1997년 KAMADA의 설탕공장 설립으로 마스코바도 생산량이 늘고 유럽 내 공정무역 파트너들의 주문량도 안정되면서 CTM과 PFTC는 또 한 번의 전환을 준비한다. 이들은 PFTC가 생산하는 마스코바도의 유기인증 획득을 추진했다. 유기인증을 받기 위해서는 적어도 3년간의 전환기가 요구되며, 내부적으로는 생산자들에 대한 교육 및 관리를 강화하고 외부적으로는 전문적인 기관으로부터 매년 점검과 감사를 받아야만 하는 까다로운 절차를 필요로 한다. 그러나 이 시기 이미 건강식품과 유기농 식품에 대한 대중의 관심이 확대되고 있었으므로, 유기농으로의 전환과 인증 획득은 미룰 수 없는 과제가 되었다.

PFTC는 유기농 사탕수수 재배로의 전환을 위해 일로일로대학의 SIBAT(Sibol ng Agham at Teknolohlya)*에 프로젝트를 의뢰한다. 이

---

* 문자 그대로 해석하자면 center for science and technology, 즉 과학기술센터다.

들은 몇 달에 걸쳐 기존 데이터를 취합하고 PFTC, KAMADA, PITAFA와의 주기적인 연석회의를 거친 끝에 'PFTC 3년 유기농 전환 프로그램PFTC Three Year Organic Conversion Program'을 1998년 최종 제출했다. 이듬해(1999년) 이 기획안은 CTM에 전달되었고, CTM은 이를 다시 네덜란드의 공정무역 기술센터인 Agro Eco Netherland에 보내 자문을 구했다. 이 기획안은 CTM의 내부 재가를 거쳐 Agro Eco를 국제 자문기구로, SIBAT를 국내 자문기구로 하는 PFTC 유기농 전환 프로젝트가 통과됐다.

이러한 과정을 거치면서 PFTC는 CTM 외에도 다양한 국내외 조직과 연계되거나 무역 파트너로 거래를 개시하면서 복잡한 네트워크를 스스로 형성해왔다. CTM이 유기농 전환을 자극하는 등 다양한 도움을 준 것은 사실이지만, 후속적인 관계의 확장과 발전은 전적으로 PFTC의 조직력과 그들이 생산하는 상품의 질에 의해 만들어진 것이다. 이처럼 유기농 인증 과정은 PFTC의 내부 관리력과 외부 네트워크 구성력을 신장시킴으로써 PFTC 스스로 기업가적 성장과 성취를 이루게 했다.

셋째, 글로벌 공정무역 네트워크에서 생산자의 권리를 당당하게 요구했다. 25년 이상 공정무역을 통해 쌓아온 국제 무역에 관한 경험이 일종의 학습효과가 되어 PFTC의 시장 협상력을 신장시켰다. 지난 2009년 상반기에 PFTC는 국제적으로 공인된 공정무역인증기구인 FLO(Fairtrade Labeling Organization International)에서 탈퇴를 선언했다. PFTC와 FLO 간 갈등의 가장 큰 원인은 이사회 구성에 관한 것이었다. 순수 생산자조직으로 자리매김하기를 원하는 인증단체와, 공정무역을 "일종의 수단" 삼아 더 폭넓은 필리핀 사회의 변화와 진보를 지향하는 생산자조직이 이사회 구성을 둘러싸고 마찰을 일으킨 것이다. PFTC의 FLO 탈퇴는 개별 조직의 이탈을 넘어 세계 공정무역의 틀 안에서 생산자의 입장을 표현하는 수준으로까지 나아갔다. 루스 살리토는 FLO가 네슬레나 스타벅스 같은 다국적기업에게 공정무역 인증을 제공한 것을 강하게 비판하며, 자신들의 목적은 "생산자의 생활수준 개선을 넘어 자국 사회의 구조적 변화를 지향"한다고 말하기도 했다.

FLO에서 탈퇴한다는 것은 PFTC가 관계를 맺고 있는 대부분의 유럽 파트너들에게 큰 문제가 될 수 있다. 대부분의 유럽 파트너들은 PFTC로부터 구매한 물품을 자체적인 회원조직뿐만 아니라 슈퍼마켓 같은 유통업체에서 판매하고 있는데, 인증마크가 사라지면 그만큼의 시장 점유율을 잃을 수도 있기 때문이다. 그러나 PFTC의 탈퇴 의지는 매우 확고했으며, 이들은 파트너들이 납득할 때까지 "되풀이해over and over" 대화하고 설득하겠다는 의지를 밝히고 있다.

넷째, 새로운 사업 네트워크를 구축해 공정무역 거래망을 다각화했다. PFTC는 두 가지를 새롭게 시도하고 있다. 하나는 FLO 외의 또 다른 국제적 유기농 인증기구인 테라 마드레Terra Madre에 참여했다. 이탈리아가 기반인 테라 마드레는 직접 공정무역을 목적으로 하는 조직이라기보다는 오히려 슬로푸드를 지향하는 조직이다. 하지만 이곳은 개발도상국의 소규모 생산자조직들의 목소리를 대변하는 조직으로도 알려져 있다(반다나 시바 외 2009). PFTC는 이 조직체계에 유기농 마스코바도의 생산자조직으로 이름을 올림으로써 FLO가 중심이 된 공정무역 네트워크를 넘어서는 새로운 네트워크를 모색하고 있는 것이다.

다른 하나는 무역 파트너의 유럽 편향성을 벗어나 아시아와 태평양을 중심으로 새로운 공정무역 파트너를 발굴하기 위해 다양한 시도를 펼치고 있다. 그 모색 과정에서 한국의 iCOOP생협이나 홍콩의 FM International Resource를 새로운 해외 파트너로 얻을 수 있었다. 또한 PFTC는 2009년 8월 홍콩에서 개최된 아시아식품박람회Asia Food EXPO에 실무자를 파견하여 홍보부스를 운영함으로써 아시아 식품시장에 진입하려 적극적으로 노력하였다.

이처럼 PFTC는 필리핀 내에서, 더 좁게는 파나이섬 안에서 이미 25년 이상 건실하게 운영되어온 중견 사업체다. 특별한 산업시설이 존재하지 않는 오똔군에서 PFTC는 관내 최대의 세금 납부기관이 되었다. PFTC는 현재 계획 중인 3개의 신규 설탕공장들에 대한 소유권을 지금까지와 마찬가지로 지역의 조직화된 농민조직에게 이전시키고자 한다. 이러한 과정은 소규모 농민들에게 단순히 시장보다 나은 조건의 이윤을 제공하는 것을 넘어, 소규모 농민들의 조직화와 자립을 실질적으로 가능케 한다.

한국의 생협과 파나이 마스코바도 생산자의 만남

한국의 생협 중에서 가장 먼저 공정무역을 시작한 곳은 두레생협이다. 두레생협은 2004년부터 필리핀 네그로스섬에서 생산된 마스코바도를 수입해 조합원들에게 판매해왔다. 이는 한국의 공정무역운동이 한 단계 도약하는 계기가 됐다. 생협은 탄탄한 조직망을 갖추었을뿐더러 충성도 높은 조합원들에 의해 공동으로 소유·운영되는 조직이다. 이 운동의 가치를 내세우며 불특정 다수에게 공정무역 상품을 팔아야 하는 공정무역 전문조직들에 비하면 안정된 판로를 갖추었다고 볼 수 있다. 생협 진영이 공정무역에 참여한 후, 필리핀 마스코바도는 판매량 증가와 안정화뿐만 아니라 윤리적 소비의 가치에 동의하며 기꺼이 지갑을 여는 공정무역 지지자들과 만날 수 있게 됐다.

iCOOP생협은 2006년 12월 공정무역 포럼을 개최하며 공정무역을 사업 영역의 일부로 끌어들이기 위한 첫 시동을 걸어, 이듬해

① 착즙

② 불때기

③ 졸이기

④ 식히기 & 결정화

⑤ 소분

⑥ 포장

마스코바도 만드는 과정 ⓒ엄은희

에 사업을 추진했다. iCOOP생협은 먼저 조합원과 무역팀 직원을 중심으로 공정무역추진위원회를 발족한 뒤 조합원 대상 설문조사를 통해 공정무역에 대한 의견을 물었다. 설문조사 결과는 찬성이 압도적이었다. 생협의 출발점이 한국 농촌 및 농민과의 연대에 있는 만큼 국내에서는 생산이 불가한 물품을 중심으로 공정무역에 참여할 것이 결의되었다. 그중에서도 설탕, 커피 등에 대한 선호도가 높았는데, 조합원들에게 처음으로 소개된 공정무역 상품 역시 한국 시민단체인 YMCA가 동티모르의 농민공동체를 지원해 생산된 커피였다.

iCOOP생협은 2007년 9월과 2008년 5월 두 차례에 걸쳐 조합원 대표자와 실무자를 파견해 파나이섬의 마스코바도 생산자조직과 면담을 진행했으며, 2008년 겨울 첫 마스코바도 거래를 성사시켰다. 2009년 7월에는 iCOOP생협의 초대로 PFTC의 생산자를 대표해 부매니저 앙헬 팡안이반Aangel Panganiban이 한국 땅을 밟았고, 이 자리에서 두 기관 간의 공정무역 협약식을 체결하였다. PFTC는 지역 내에서 새로운 생산자조직을 발굴하고 공장 부지를 마련하며, iCOOP생협은 신규 조직이 소유할 설탕공장 설립을 지원하고 그곳에서 생산되는 설탕은 책임 소비한다는 것이 주요 내용이었다.

이 두 조직의 협약은 양쪽 모두에게 새로운 도전이었으나 동시에 서로에게 매우 유익한 결과를 낳았다. 그즈음 PFTC는 유럽 시장을 넘어 아시아에 새로운 파트너를 찾아 사업의 지리적 영역을 다각화하고자 노력 중이었으며, iCOOP생협은 물품 거래를 넘어 인적 교류를 통해 공정무역과 윤리적 소비에 대한 조합원 인식을 제고하고 실천하기 위해 가까운 아시아 지역에서 긴밀하게 협조할 수 있는 공정무역 파트너를 찾는 중이었기 때문이다. 그런 점에서 마스코바도는 매우 적절한 상품이었다. 설탕은 조합원들의 연례행사인 매실청 담그기의 재료로 매년 일정량을 책임 소비할 수 있었기 때문에 안정적인 거래를 맺을 수 있었던 것이다. 더불어 물건을 제값에 구매하는 것을 넘어 소비자가 생산자들을 위한 생산라인 구축을 지원한다는 점에서 공정무역운동을 통한 민간 부문에서의 국제연대가 한 걸음 더 나아갈 수 있게 됐다.

내가 파나이섬을 처음 찾았던 2009년에 PFTC는 일로일로주의 다양한 농민조직을 접촉하며 생산자조직을 꾸리기 위해 노력하고 있었다. 그렇지만 새로운 농민조직을 만들어내는 일은 PFTC에게도 쉽지 않은 과제였다. 앞서 언급한 iCOOP생협과 PFTC가 체결한 협약은 구체적으로 2009~2010년 사이 새로운 생산자조직을 발굴하여 조직화하고 공장 부지를 마련하며, 2010년 후반기에는 설탕공장 착공식을, 2011년에는 신규 공장에서 생산된 마스코바도를 iCOOP생협이 책임 구매한다는 내용을 담고 있었다. PFTC로부터 새로운 생산자조직을 발굴했다는 소식은 2010년 10월 초에 당도했는데, 그 내용은 아래와 같다.

필리핀 파나이 공정무역센터로부터의 편지[*]

iCOOP생협의 모든 구성원과 친구들에게

"공정무역은 빈곤으로 고통받는 전 세계 모든 이들이 건강한 삶을 지킬 수 있도록 더 공정한 분배를 보장하고 사회 정의와 지속발전가능한 방식의 소비를 지켜내는 것을 목표로 한다. (중략)"

iCOOP생협이 재정 지원하고 PFTC가 추진하는 마스코바도 공장 건립을 위해 파나이섬의 세 지역(일로일로, 카피즈, 앤티크)을 방문하였고 마침내 PFTC는 최적의 공장 부지를 찾아냈습니다. 우리 모두 공장이 가장 좋은 위치에 세워지기를 원하기에 우선 현재 우리가 가진 경제적 능력, 사탕수수 재배 부지의 환경 조건, 공장 부지 근처 생산자들의 자발성과 활력 등을 기준으로 평가했으며 무엇보다 iCOOP생협의 지원으로 건립될 공장이 생산자들에게 지속가능한 발전을 보장할 수 있어야 하므로 그들의 경제적, 사회적 삶에

---

[*] 출처: iCOOP 부천시민생활협동조합 게시판(http://civilcoop.or.kr/).

미칠 영향력의 크기가 가장 중요한 판단 근거가 되었습니다.

우리는 iCOOP생협이 지원하는 공장을 앤티크주에 짓는다면 어떨까 생각해보았습니다. 그곳이라면 마스코바도 생산 과정의 표준화 모델이 될 수 있을 것이고 해당 지역 생산자들에게 적정한 수입과 지속적인 고용을 보장할 수 있으리라 기대되기 때문입니다. 또한 마스코바도 가격 인상의 요인인 지역 중간 상인을 배제하는 것도 문제없을 것으로 예상되었습니다.

앤티크는 파나이섬을 구성하는 네 개 주 중 하나로 파나이섬 서쪽에 위치합니다. 이곳은 동쪽 산맥에서 흐르는 짧은 시내와 거친 산이 매우 많은 지역입니다. 앤티크는 기후 면에서 크게 두 부분으로 나눌 수 있는데 북쪽은 연중 강우량이 많은 반면 남쪽은 몬순 기후를 막아주는 높은 산들로 인해 좀 더 건조한 기후입니다. 총 2,729제곱킬로미터 면적에 18개 시군 행정구역(필리핀 기초 행정단위인 바랑가이 590개)으로 구성되어 있으며 515,265명의 인구가 거주하고 있습니다. 이곳의 주요 생산품은 쌀, 코프라(말린 코코넛), 마스코바도, 채소, 과일, 축산물, 해산물 등입니다.

앤티크는 오래전부터 마스코바도 생산지로 잘 알려져 있습니다. 필리핀 전체를 통틀어 304개에 달하는 마스코바도 공장의 거의 절반에 해당하는 150개의 공장이 위치해 있고 (소규모) 사탕수수 생산자의 약 40%가 거주하는 제1의 사탕수수 생산지이기 때문입니다.

그러나 이 지역에서 생산된 마스코바도는 안타깝게도 노후한 공장 시설, 퇴보한 생산 기술에 따른 품질 하락 등으로 인해 국제 수출 시장 기준을 통과하지 못하고 있습니다. 더불어 마스코바도 생산 과정에서의 문화적 관습 또한 큰 문제 중 하나입니다. 결국 앤티크의 마스코바도는 필리핀 국내에서 소비할 수밖에 없는 안타까운 상황입니다.

이런 이유들로 iCOOP생협이 재정 지원할 마스코바도 공장은 앤티크주 벨리슨군에 위치한 이필Ipil 바랑가이에 세워질 것입니다. 이를 위해 2010년 9월 16일 PFTC는 이필 바랑가이를 대표하는 생산자회 출범을 논의하기 위한 모임을 진행했습니다. 이날 회의에는 유기농 사탕수수 재배와 생산자회 가입을 희망하는 20명 이상의 가난한 생산자들이 참여했으며, 총 사탕수수 재배 면적지는 약 20헥타르 정도로 시작될 것입니다. 그러나 우리는 몇 달 내에, 특히 마스코바도 공장 건립이 시작되면 점점 더 많은 생산자들이 참여하게 될 것을 확신합니다.

이곳 생산자회 이름은 앤티크발전센터AKC(Antique Kauswagan Center)로 결정됐습니다. 'Kauswagan'은 '발전development'을 의미합니다. 이렇게 이름을 붙인 이유는 AKC가 미래의 앤티크 지역 발전의 책임을 지고 지속가능한 유기농 사탕수수 재배 생산 기술의 중심이 되길 바라기 때문입니다. iCOOP생협 구성원과 PFTC가 AKC

조직과 생산자들을 지원하여 마스코바도 공장을 이곳에 건립한 것을 자랑스러워할 날이 머지않아 오게 될 것입니다.

iCOOP생협이 지원한 마스코바도 공장은 벨리슨 지역 생산자들에게 든든한 경제적 기반이 되어줄 것입니다. 이 공장 덕분에 생산자들의 경제적, 사회적 어려움은 줄어들 것이고 생산자회 농민들은 안정적인 고용을 보장받으면서 지속적인 수입을 얻게 될 것입니다. 그들 자신의 마스코바도 공장을 갖게 된다는 것은 농민들이 지역 설탕 상인들이 강요하는 가격보다 높고 공정한 가격으로 사탕수수를 가공·판매할 수 있는 안정적인 판로를 얻게 된다는 것을 의미합니다.

벨리슨군은 1,978헥타르 면적에 2,355가구, 11,825명의 인구가 거주하고 있으며 11개의 바랑가이로 구성되어 있습니다. 서쪽에는 해안가, 동쪽에는 논과 산이 자리 잡고 있으며 특히 맑은 바다와 아름다운 해변에는 많은 피서객들이 찾아오고 있습니다. 이처럼 자연환경적인 면에서 축복받은 벨리슨은 앤티크주의 주요 도시 중 하나로 떠오르고 있습니다. 특히 경제, 인프라, 생활 서비스, 택지 개발 등의 면에서 크게 발전하고 있어 벨리슨 지역 주민들은 도시를 매우 자랑스럽게 생각합니다.

벨리슨 주민들은 매우 다정하고 성실할뿐더러 방문객들에게 매우 친절하며 서로서로 잘 알고 지냅니다. 고단한 삶에도 불구하고 바다와 산을 품어낸 넉넉함으로 매우 근면한 생활 문화를 가지고 있는 이들이기도 합니다.

iCOOP 마스코바도 공장의 성공적인 건립을 기원하며

PFTC로부터 생산자 발굴과 조직화가 시작되었다는 소식을 접한 후 iCOOP생협은 신속하게 조합원 대상 캠페인을 전개했다. 일명 '달콤한 공장' 캠페인은 조합원과 직원들을 대상으로 한 모금 활동을 통해 총 1억 8,000만 원(공정무역 기금 포함)을 마련하여 2010년 사탕수수 가공시기에 맞춰 공장 착공식을 시행하는 것을 목표로 삼았다. 2010년 10월 한 달 동안 진행된 '달콤한 공장' 캠페인은 iCOOP생협의 조합원, 생산자, 직원 총 7,109명이 참여했고 목표액인 1억 8,000만 원도 어렵지 않게 달성할 수 있었다. 이로써 iCOOP생협은 PFTC와 필리핀 사탕수수 농민, 노동자와의 약속을 지킬 수 있게 되었다.

2010년 12월 초에는 파나이섬 앤티크주에서 iCOOP생협의 관계자와 PFTC 활동가 그리고 지역 주민들이 모인 가운데 설탕공장 착공식이 열렸다. 앞서 설명했듯 착공식에 앞서 AKC라는 생산자조직이 만들어졌다. 필리핀 회사법에 따라 법인 등록은 주별로 이루어져야 하는 까닭에 법인 자격을 갖춘 AFTC도 함께 설립되었다.

이 과정은 세 축의 이해관계자들 모두에게 매우 도전적인 과제였다. 먼저 iCOOP생협은 생산시설 건립을 지원함과 동시에 AFTC에서 생산된 설탕을 포함하여 연간 100톤의 마스코바도를 책임 소비할 것을 약속했다. PFTC는 20여 년간 일로일로주를 중심으로 발전해온 조직인데, AKC 조직화와 AFTC 설립을 계기로 주의 경계를 넘어 원거리 생산지를 지원하게 됨으로써 조직의 관리력을 신장시켜야 할 의무를 지게 되었다. 마지막으로 파나이섬 서부에 위치한 앤티크주는 거친 산줄기로 갈린 섬 내에서도 다소 낙후된 지역이었다. 지역의 농업 기반이 취약하고 물류망에서도 소외되다 보니 현대식 슈가센트럴이 아닌 전통적 방식의 마스코바도 생산시설이 100여 개 이상 남아 있었다. 하지만 낙후된 시설에 위생 관리도 부실하여 이곳에서 생산되는 마스코바도의 품질은 낮았고 대체로 지역 재래시장에서 판매되는 수준에 머물러 있었다. AKC와 AFTC는 이러한 한계를 딛고 품질 좋은 설탕 생산과 국제적 거래망에 처음으로 편입되는 과제와 기회를 동시에 얻게 된 것이다.

AFTC의 구성원들은 설탕공장이 입지한 이필 바랑가이를 중심으로 인근의 6개 바랑가이에 넓게 포진하고 있다. 벨리슨군의 자료에 따르면, 2011년 이필 바랑가이의 사탕수수 재배지 면적은 7헥타르 정도였는데 AFTC 조직화와 신규 마스코바도 공장 건설로 이 지역 농민들이 새롭게 사탕수수 농사에 관심을 갖게 되었고 재배

(위) 앤티크주 벨리슨군의 구형 마스코바도 생산시설
(아래) 한국의 iCOOP생협과 필리핀의 PFTC가 함께 건설한 설탕공장(앤티크주 벨리슨군)

면적은 20헥타르까지 늘어났다.

하지만 아직까지 신생조직인 까닭에 회원들이 사탕수수 경작에 크게 매진하고 있는 것 같지는 않다. AFTC에 가입했지만 기존의 농지를 사탕수수 경작지로 바꾸지 않은 면적이 2012년과 2013년 두 해 모두 20헥타르를 넘기 때문이다. 2013년에도 총 9명(12필지)이 탈퇴했는데, 탈퇴 사유는 계약 만료와 쌀농사로의 전환 두 가지로 요약된다. 이는 회원 생산자들의 70% 이상이 자작농이 아닌 소작농이어서 사탕수수 경작지를 유지하기 어렵다는 점, 주된 농작물이었던 쌀과 비교할 때 사탕수수 재배가 아직은 낯설고 어렵다는 점을 이유로 추측해볼 수 있다.

AFTC의 회원 농민들에 대한 기초자료를 근거로 2012/2013년과 2013/2014년 AFTC 구성원의 특징은 〈표 4-5〉와 같다.

표 4-5 **AFTC 기초정보**

	2012/2013	2013/2014
회원 수(지주/소작)	67명(15/52)	58명(16/42)
경작 면적(식재지/미식재지)	51헥타르(30.6/20.4)	47.73헥타르(25.57/22.16)
평균 경작 면적 (최소면적/최대면적)	0.76헥타르(0.17/2.0)	0.82헥타르(0.21/2.31)

설탕공장이 선물한 지역사회의 변화

나는 2014년 2월 iCOOP협동조합연구소의 의뢰를 받아 설탕공
장 설립 이후 PFTC와 AFTC 그리고 마스코바도를 생산하는 지역
사회의 변화를 살펴보는 연구를 진행했다. 연구 초점은 '공정무역
참여가 지역사회의 역량 강화에 어떤 영향을 미치는가?'였으며, 이
를 살펴보기 위해 2013년 두 차례에 걸쳐 설문조사를 실시했다. 단
순 기입식 설문조사가 아니라 지역 출신의 연구보조원이 참여하
여 생산자들에게 질문을 던지고 답을 정리하는 과정이 포함됐다.
특히 AKC와 AFTC는 조사 당시 2년차 생산이 이루어지고 조직이
어느 정도 안정적 운영 단계에 접어들고 있었기에, 이 공동체에서
발생한 경제 및 사회적 변화는 한국의 소비자공동체와의 파트너십
에서 유래한 것으로 해석되기에 충분했다.

첫 번째 설문조사는 PFTC의 구성원에 대한 광범위한 조사로
50명의 생산자, 노동자, 직원을 대상으로 진행됐으며, 두 번째 설문
조사는 iCOOP생협의 공장 설립으로 신규 조직된 AFTC의 생산
자 20명을 대상으로 추가 진행됐다. 설문대상자의 구성은 다음 〈표
4-6〉과 같다.

표 4-6 **설문대상자 구분**(단위: 명)

	AFTC	KAMADA	계약직 노동자	PFTC 스태프	합계
1차 조사 (2013년 6~7월)	20	15	10	5	50
2차 조사 (2013년 12월)	20				20

1) 1차 설문조사 분석: 경제적 측면

PFTC 구성원들에 대한 설문조사 결과, 공정무역 파트너십이 민중조직 구성원들에게 새로운 경제적 기회를 제공한 것은 분명했다. 우선 농민으로 구성된 KAMADA와 AFTC 두 조직의 답변 (35명)을 살펴보았다. 〈표 4-7〉은 2012~2013년 마스코바도 생산을 통해 얻은 소득을 응답자의 답변에 따라 정리한 것이다.

30명의 유효응답자* 중 토지를 소유한 자작농은 3명이었고, 나머지는 모두 소작농이었다. 소작농은 마스코바도 생산에서 얻은 수익의 절반을 지주에게 소작료로 지불해야 하기 때문에 대략 10,000~40,000필리핀페소에 머물렀으며, 토지 소유자인 2명은 70,000필리핀페소까지 수익을 얻는 것으로 나타났다. 생산자들은 평균적으로 3~5명의 가족을 부양하고 있었다(7인인 경우도 2가구 있었다).

---

* 자신의 수익에 대한 정보를 정확하게 밝히지 못한 5명의 응답은 제외했다.

표 4-7 농민 생산자의 소득(2012~2013년)*　　　　　　　　　　　　　　단위: 필리핀페소

	총수입	지주 몫	자신의 몫	월급	일급	비고
1**	141,000	47,000	47,000	4,000		회장
2	40,000	20,000	20,000			
3				4,000		회계 담당자
4	80,000	40,000	40,000			
5				4,000		부회장, 품질 관리 담당
6	60,000	30,000	30,000	4,000		수리 담당
7	24,000	12,000	12,000			
9	9,000					파트타임 쿡
8	40,000	20,000	20,000			
10	26,000	13,000	13,000			
11	17,000	8,300	8,300			
12	20,000	10,000	10,000			
14	40,000	20,000	20,000			
15					200	공장 청소
16	30,000	15,000	15,000			
17	24,000	12,000	12,000			
18	40,000	20,000	20,000			
21				4,000		농지 관리자
22			38,000			자작농
23	15,000	7,500	7,500			
25					1,500	KAMADA 협동조합점포 운영
26	40,000	20,000	20,000	4,000		KAMADA 회계

	총수입	지주 몫	자신의 몫	월급	일급	비고
27				4,000		KAMADA 매니저 /마에스트로 쿡
28	72,000	36,000	36,000	4,000		농지 관리자
29				4,000		KAMADA 재무 담당자
30	18,000	9,000				
31				4,000		품질 관리 담당
32			70,000			자작농
35			17,000			자작농, 부회장

* 이 표의 수치는 1차 설문조사의 8번 문항에 대한 답변에 기초하여 정리한 것이다. 1~18번까지는 AFTC 소속 농민이며, 21~25번까지는 KAMADA 소속 농민이다. 19~20번 응답은 소득에 관련된 정보를 공개하지 않아 정성적 분석에서만 활용했다.

** AFTC의 생산자 대표를 맡고 있는 1번 응답자는 사탕수수 재배 및 마스코바도 생산을 통해 얻게 된 2013년 총수입 141,000필리핀페소는 3등분되어 각각 지주의 몫, 자신의 몫, AFTC 및 PFTC의 몫으로 나뉜다고 설명한다. AFTC나 PFTC의 몫이란 사탕수수 묘목, 경지정리, 운송비, 유기질 비료 등 선지출된 각종 재료비와 공동체 발전기금을 포함하는 것으로 추정된다.

하지만 회원 농민들은 조직별로 자체적인 설탕공장을 갖춘 덕분에 추가적인 소득을 더 누릴 수 있다. 각 설탕공장별로 회장, 회계, 농지 관리자, 수리maintenance, 품질 관리Quality Control Officer 등 공장 운영에 요구되는 업무를 수행하는 회원들은 생산시기(사탕수수 식재에서부터 마스코바도 생산까지) 6개월간 월 4,000필리핀페소의 추가적인 수입을 얻을 수 있다. 뿐만 아니라 15번 응답자는 61세의 여성 노인으로 사탕수수 농사에 참여할 수 없는 대신 생산시기에 공장 청소 등의 노동에 참여하면서 하루 200필리핀페소의 소득을 얻었다.

KAMADA 생산자와 AFTC 생산자를 비교해볼 때, 조직 구성 밀도에서의 흥미로운 차이도 관찰됐다. 설문대상자 수의 차이로 절대적인 비교는 어렵지만 1997년 결성된 KAMADA의 생산자 그룹은 2011년 결성된 AFTC의 생산자 그룹에 비해 조직 분화 업무 구성이 좀 더 발전된 형태임을 알 수 있다. 생산시기 동안 협동조합점포Co-op Store를 운영(25번 응답자)하거나, 단순 부기를 넘어 사탕수수 재식재 주기와 공장 정비 주기까지 고려하는 재무 담당자(29번 응답자)가 별도로 존재하는 모습 등이 대표적이다.

KAMADA의 매니저 역할을 담당하고 있는 27번 응답자 로엘 카틴Roel Catin의 역할에 대해서도 주목할 필요가 있다. 카틴은 PFTC의 생산자 안에서 마에스트로 쿡Maestro Cook이라고도 불린다. 마스코바도 제조공정에서 쿡Cook은 착즙된 사탕수수액의 점도와 당도를 책임지며, 언제 불을 넣고 뺄지를 결정하는 역할을 한다. 적절한 시점에 불을 빼지 못하면 액체 상태의 마스코바도가 타버린다. 마스코바도 생산 과정은 밥짓기와 마찬가지로 농도와 불 조절을 통한 뜸 들이기가 매우 중요하다. 탄밥이 되지 않도록 조절하는 것이 쿡의 가장 중요한 역할이며, 이는 수년간의 경험을 통해 숙련도를 쌓을 필요가 있다. 5개 생산조직 중 쿡으로서의 역량이 가장 뛰어난 카틴은 신규 공장이 세워질 때 기술자문으로 초청되어 마스코바도 생산에 필요한 기술을 전수해주는 역할을 수행해왔다.

하지만 마스코바도 이외의 공정무역 상품(바나나칩, 생강젤리)을 생산·포장하는 오똔군 노동자들은 사정이 매우 다르다. 이들은 지역 파트너 기구인 도시빈민조직에서 충원되곤 하는데, 대부분 계약제로 일한다. PFTC 본사가 있는 오똔군과 일로일로시의 빈민촌 출신인 이 노동자들이 담당하는 주요 업무는 마스코바도의 소분·포장·운반, 바나나칩 및 생강젤리 생산 등이며 노동일은 한 달에 5~7일 정도다. 일하고자 하는 도시빈민(여성)들은 다수 존재하지만, PFTC에서 생산하는 공정무역에 대한 상품 수요가 이들의 안정적 고용을 담보할 만한 수준에 미치지 못하기 때문이다. 일당은 200~300필리핀페소 수준으로, 주급으로 지불된다. PFTC 본사에는 관리직을 제외하고 정규직은 존재하지 않으며, 계약직 노동자들의 상당수가 PFTC를 유일한 현금 소득원으로 삼고 있다. 이들은 공동체발전기금social premium의 지급 대상에서도 배제된다.

마지막으로 PFTC를 통해 정규직 일자리를 얻은 사람들의 경우 만족도와 직업적 안정성은 매우 높음을 알 수 있었다. 정규직 직원들은 법률이 정한 임금과 서비스를 적절하게 제공받고 있었다. 업무상 성과를 내거나 생산자조직으로부터 추천을 받은 경우 별도의 보상이나 인센티브 또한 제공되었다. 직원들을 인터뷰하는 과정에서 드러난 노동환경이나 안전 관리 역시 우수함을 알 수 있었다.

또한 1차 설문지의 11번 문항은 PFTC/AFTC에 가입한 이후 개인적인 측면에서 일어난 가장 큰 변화에 대해 묘사하는 것이었는데, 이에 대한 답변 중에서도 경제적 변화에 대한 언급을 다수 찾을 수 있었다. 구체적으로는 "일자리의 창출 혹은 지속성 있는 일자리", "추가적인 소득", "주거 안정성", "삶의 질 개선", "자녀 교육 기회의 확대", "가축 구매", "저축" 등의 표현을 통해 구성원들이 공정무역을 통해 경험한 경제적 변화의 양상을 확인할 수 있었다.

2) 1차 설문조사 분석: 정성적 측면

[질문] PFTC나 AFTC에 가입한 이후 당신이 느끼는 가장 큰 변화는 무엇입니까?

AFTC의 회원이 된 후 내 인생에서 가장 큰 변화는 내가 나 자신을 믿게 되었다는 겁니다. (Rosita Rubana, 51세/여성)

이 조직은 나에게 기존과 다른 방식으로 사탕수수 묘목을 심는 법을 알려주었어요. 새롭게 배우는 것이 많아 정말 기쁩니다. 농민으로서 내가 생각하는 가장 큰 변화는 내 농사법이 달라졌다는 겁니다. (Jose Acupan, 53세/남성)

동네 사람들과 그렇게 가깝게 지내지는 않았어요. 그런데 AFTC가 만들어지고 나서 나는 이웃들과 서로의 사정을 알게 됐고, 이제

는 친구가 되었지요. (Delia Morillo, 58세/여성)

나에게 마스코바도는 좋은 것, 정직한 것을 의미합니다. (Felix Tajan Jr. 26/남성)

사탕수수를 키우는 한 시즌 동안 우리는 20,000필리핀페소 정도를 벌 수 있습니다. 재료비나 농장 운영에 필요한 비용도 낮고, 우리가 만든 제품은 유기농 건강식품이지요. 쌀농사로 그 정도 소득을 얻으려면, 사탕수수를 생산하는 것보다 4배는 더 많은 시간이 필요할 거예요. (Edger Villar, 61/남성)

위 답변들이 보여주듯이, PFTC/AFTC를 통해 공정무역에 접속한 이후 생산자조직과 노동자 민중조직의 구성원들은 그들의 삶이 어떻게 변화했는지 다양한 방식으로 말한다. 아래의 〈표 4-8〉는

표 4-8 공정무역 참여 이후 변화의 측면

정서적 측면	기술적/인지적 측면	사회적 측면
• 자기신뢰의 확대	• 기술 습득(유기농, 한계농지를	• 새로운 친구와 이웃
• 노동의 즐거움	사탕수수 경작지로 만드는 법 등)	• 평화로운 관계
• 일에 대한 안정감과 책임	• 농사경험 공유	• 공동체에 대한 소속감
• 긍정적 자기평가	• 혁신의 확산	• 지도자에 대한 신뢰
• 미래에 대한 기대	• 시간 관리의 중요성	• 지역 정체성
• 지역사회를 위한 기여 의지		• 회의 참석을 통한 민주주의 훈련

생산자/노동자들이 말하는 변화의 내용을 정서적·인지적·사회적 차원으로 구분하여 코딩한 결과다.

3) 2차 설문조사 분석: AFTC에서의 공정무역의 효과

AFTC 조직화 및 신규 마스코바도 공장 설립 과정은 iCOOP의 자금 지원과 안정적 수요 창출에 대한 전망, PFTC의 조직화 노력, 주 경계를 넘어선 공정무역의 확산 의지가 함께 일구어낸 성과다. 2011년 공장 설립 이후 벨리슨군의 공정무역 생산자조직에 생긴 변화를 살피기 위해 AFTC 생산자조직의 조합원들만을 대상으로 2차 설문조사를 실시했다. 설문의 주요 내용은 AFTC 구성원들의 경제 상황에 대한 기본 데이터를 확보함으로써, 공정무역 네트워크 참여 이후의 경제적 변화를 상대화, 객관화하는 데 초점을 두었다. 더불어 1차 설문조사와의 교차분석을 통해, 구성원의 삶의 단면을 이해하려는 시도도 추가됐다.

다음의 〈표 4-9〉는 설문에 참여한 AFTC 구성원 20인의 경제적 단면을 정리한 것이다.

1차 설문조사 시 AFTC 가입 이후 생산자들이 기대하는 소득 범위는 10,000~20,000필리핀페소(한화 245,000~450,000원) 정도로 가늠되었다. 0.5헥타르 규모의 사탕수수 밭을 경작할 경우 기대되는 마스코바도 수확량은 1,000킬로그램이고, 제반비용을 제한 소득 총액은 자작농의 경우 20,000필리핀페소, 소작농의 경우 임차료 50%를 제한 10,000필리핀페소 정도로 예상해볼 수 있다. 하지만 AFTC의 경우 신규 사탕수수 경작지가 많았던 까닭에 2012~2013년에 실제 소득은 이보다 낮았다.

그럼에도 AFTC의 구성원들은 공정무역 상품으로 수출될 마스코바도를 생산함으로써 연간 8,000~49,000필리핀페소(2012년 기준)의 추가적인 소득을 얻을 수 있었다. 대표적으로 10번 응답자인 올란도 마노Orlando Mano의 사례를 자세히 볼 필요가 있다. 그는 전업농으로 쌀과 사탕수수 농사가 유일한 생계수단인데, AFTC 조직 운영 참여를 통한 별도의 수당 없이 사탕수수 재배만으로 회원 농민들 중 최고의 수익을 올리고 있었다. 2차 설문에 대한 응답에서도 마노는 2013년 1.5헥타르의 농지를 추가로 임차하여 사탕수수 농사의 비중을 70%대로 올리려는 적극적인 모습을 보여주고 있다.

공정무역을 통한 소득이 이들의 경제적 조건에 기여하는 정도를 살피기 위해 총소득 대비 마스코바도 생산을 통한 소득의 비중도 살펴보았다. 응답자들은 대체로 연간 총 현금소득의 50% 이상을 마스코바도 생산에서 얻고 있다고 답했으며, 현금소득의 100%를 공정무역을 통해 얻는다고 답한 이도 전체 응답자 20명 중 7명이나 됐다.

표 4-9 AFTC 구성원의 경제사회 상황 분석표

	토지 소유 유무	면적 (헥타르)	2012			2013(예상)		
			생산량 (킬로그램)	총소득 (필리핀페소)	설탕 소득 (필리핀페소)	생산량 (킬로그램)	총소득 (필리핀페소)	설탕 소득 (필리핀페소)
1	소작	0.5	756	35,000	15,000	1,449	35,000	15,000
	추가소득원 : 송금 + 소 3마리 + 쿡 보조 일당 3,000필리핀페소(200*15일)							
2	소작	2	1,181	20,000	10,000	2,000	20,000	10,000
	추가소득원 : 송금 + 소 2마리 + 부회장 및 품질 관리 수당 24,000필리핀페소(4,000*6개월)							
3	소작	1	2,520	20,000	13,000	2,520	20,000	15,000
	추가소득원 자료 없음							
4	소작	0.25	459	12,400	11,000	300	8,740	7,000
	추가소득원 : 소 1마리 + 수확시기 보조 9,000필리핀페소							
5	소작	1	9,000	47,000	47,000	6,000	20,000	20,000
	추가소득원 : 소 2마리 + 공장 쿡, 회장, 트랙터 운전 수당 24,000필리핀페소(4,000*6개월)							
6	소작	0.5	600	20,000	8,000	400	19,000	7,000
	추가소득원 : 공장 운영 보조 13,000필리핀페소							
7*	소작	1.5	995	12,000	8,000	900	12,000	8,000
	추가소득원 : 소 2마리 + 돼지 3마리 + 회계 담당 수당 24,000필리핀페소(4,000*6개월)							
8	소작	0.5	1,200	50,000	30,000	1,200	50,000	30,000
	추가소득원 : 소 2마리 + 염소 2마리							
9	소작	0.75	781	30,000	12,000	500	30,000	5,000
	추가소득원 : 송금 비고 : 신규회원으로 사탕수수 농사에 익숙하지 않아 소득이 적다고 밝힘.							
10	자가/소작	2.5	1,000	59,000	49,000	4,000	100,000	100,000
	비고 : 자작농이나 2013년 1.5헥타르를 임차하여 사탕수수 농사의 비중을 70%로 높임.							
11	자가/소작	0.25	400	8,800	8,000	400	8,800	8,000
	소 3마리 + 염소 7마리							

토지 소유 유무	면적 (헥타르)	2012			2013(예상)		
		생산량 (킬로그램)	총소득 (필리핀페소)	설탕 소득 (필리핀페소)	생산량 (킬로그램)	총소득 (필리핀페소)	설탕 소득 (필리핀페소)
12 소작	0.25	0	15,000	–	–	10,000	–
비고: 60대 여성농민, 농사 대신 공장 청소로 일당 200페소의 소득을 얻음.							
13 소작	1.012	1,512	40,000	20,000	2,520	20,000	20,000
추가소득 관련 정보 없음							
14 소작	2.25	2,520	100,000	40,000	2,520	90,000	30,000
추가소득원 : 송금 + 소 5마리							
15 자가	0.25	756	52,000	22,000	378	24,000	12,000
추가소득원 : 송금 + 닭 25마리 + HACCP 및 품질 관리 수당 24,000필리핀페소(4000*6개월)							
16 소작	0.25	–	–	–	1,260	40,000	40,000
추가소득원: 소 1마리 비고: 2012년엔 수확 및 수확 보조 업무로 15,000~20,000필리핀페소의 소득을 올렸으며, 2013년 임차로 사탕수수 농사에 입문함.							
17 자가	0.25	504	12,000	12,000	1,386	22,000	22,000
추가소득원 : 소 1마리 + 돼지 2마리							
18 자가/소작	2	1,800	30,000	30,000	3,000	27,000	20,000
추가소득원 : 소 1마리 비고 : 원거리 거주자(이필이 아닌 콘셉시옹 바랑가이)로 의사결정 과정에 참석율이 낮음.							
19 소작	1	–	–	–	2,000	40,000	40,000
비고: 2013년 신규가입자							
20 소작	1	–	120,000	–	600	120,000	18,600
추가소득원 : 소 2마리 + 염소 1마리 비고 : 2012년 기상악화로 작황이 좋지 않아 수확 실패							

* 7번 응답자는 현재 AFTC의 회계담당자이다. 마을 평균 이상의 문해력을 갖춘 50대 여성으로 AFTC 설립 이전에는 바랑가이 응급요원Barangay Health Worker의 역할을 수행하기도 했다. 가내 소비와 판매용으로 채소 재배를 통해 추가적인 수입이 있는 인물임.

한편, 응답자 중 5명이 추가적인 소득으로 가족이나 친지의 송금이 차지한다고 답한 점은 필리핀에서 송금 경제remittance economy의 중요성이 다시 한 번 드러나는 대목이다. 해외 필리핀 노동자의 송금액은 공식적으로 필리핀 GDP의 10%를 넘어서고 있어, 일각에서는 '필리핀의 최대 수출품은 노동력labor pool'이라는 주장이 광범위하게 퍼져 있다. 필리핀 노동자들의 해외 진출은 연쇄적으로 지방 노동인구의 수도권 집중 효과를 일으킨다. 농촌지역에 적절한 일자리와 마땅한 현금소득원이 없는 상황에서 노동인구의 이농현상은 필리핀에서도 일반적이기 때문이다.

이러한 현실을 고려할 때, AFTC의 응답자 중 20~30대 남성 3명(45세 미만은 6명)이 있다는 점은 매우 긍정적인 지표로 읽힌다. 2013년 신규가입자인 16번 응답자(31세 남)와 2012년 기상악화와 농사기술 부족으로 수확에 실패했음에도 2013년 사탕수수 농사에 재도전하는 20번 응답자(26세 남)의 존재는 향후 AFTC 안정화에 기여할 것으로 기대해봄직하다. 12번 응답자와 같이 농사일에 적합하지 않은 고령의 여성농민은 공장 청소 등을 통해 생계유지에 도움이 되는 현금소득을 얻는다는 점도 주목할 필요가 있을 것이다.

마지막으로 18번 응답자가 거리상의 이유로 AFTC 의사결정 과정에 참석률이 낮다고 밝힌 점은 향후 AFTC가 해결해야 할 과제라 할 수 있다. 현재 AFTC 생산자들은 마스코바도 공장이 위치한 이필 바랑가이를 넘어서 인근 6개 마을에 산재되어 있다. 공정무역의 가능성은 가난한 생산자, 노동자들에게 시장접근성을 제공하는 경제사업을 넘어 의사결정 참여와 자율적 조직 운영을 통한 민주주의 학습 과정이라는 점을 상기할 때, AFTC의 조직 참여 및 운영 절차가 보다 세밀하게 조율될 필요가 있을 것이다.

공정무역은 생산자조직의 지속가능하고 장기적인 생계 유지와 발전을 위해 합의된 최저가격agreed minimum price 외에 공동체발전기금과 기술지원 제공을 원칙으로 제시하고 있다. 공동체발전기금은 우선적으로 생산자 공동체의 필요와 역량 강화에 사용되는 것을 원칙으로 하며, 생산자조직의 합의에 따라 의료비 지원이나 소액대출 기금으로 활용되기도 한다.

PFTC의 경우 마스코바도 생산자조직들과 1킬로그램당 1필리핀페소를 공동체기금으로 적립한다. 예컨대 2012~2013년 KAMADA가 생산하여 PFTC에 인도한 마스코바도 12,000킬로그램에 대해 PFTC가 KAMADA에게 제공해야 하는 공동체발전기금은 12,000필리핀페소가 된다. PFTC의 경우 공동체발전기금은 매년 정산하는 것이 아니라 생산자조직의 요청이 있을 경우에 한하여 제공하며, 기본적으로는 목돈 마련을 위해 적립을 권장한다. 2013년 현재 AFTC는 공동체발전기금을 통한 첫 번째 공동사업을 공장 내 식당 건설로 결정했다. AFTC의 공동체발전기금은 충분한 액수가 모일 때까지 PFTC의 관리하에 적립되고 있으며, 추후에도 이 기금의 활용은 생산자조직 구성원들 간의 논의와 합의를 거쳐 결정될 것이다. 공동체발전기금의 활용을 둘러싼 구성원 간의 논의 과정은 그 자체로 민주적 의사결정을 학습하고 수행하는 장이 된다. 현재 PFTC/AFTC가 정책적으로 결정한 공동체발전기금의 용처는 다음 다섯 가지다.

① 시설 개선(구내식당 등)

② 교육(예: 육아센터)

③ 위기관리기금, 재난기금

④ 회원 대상 소규모 융자

⑤ 회의 및 훈련 지원

한편 CTM 역시 PFTC의 생산 개선과 증진을 위해 소규모신용 기금(생산융자)을 운영하고 있다. 이 사업의 주요 목적은 공장별 생산량을 늘리는 데 있으며, CTM은 PFTC의 생산량 증대를 기초로 유럽의 공정무역 시장에서 마스코바도 공급량을 점진적으로 늘리려는 계획을 가지고 있다. 생산융자는 초기자본이 부족한 PFTC에게 큰 도움이 됐다. PFTC는 연 5.7%의 이율로 60,000유로의 기금을 제공받았는데, 이는 AFTC를 제외한 4개 공장에 15,000유로씩 배분되었으며, 마스코바도 생산 후 인도물량을 통해 현물로 공제

됐다.

이러한 융자계약 및 배분은 마스코바도 생산시기에 이루어진다
(융자계약은 1월, 대출은 2월). 단, 대출은 PFTC 회원 농민 중 유기농 전
환을 완료한 농가로 제한된다. 이 기금은 사탕수수 재배기간 동안
식재, 가지치기, 양육, 수확에 요구되는 원료 및 부자재 비용으로
충당된다. 수확철이 끝나면 각 공장에서는 현물로 대출금을 변제
하는 과정이 진행된다. PFTC와 CTM이 합의한 융자 대상의 조건
은 다음과 같다.

① 유기농 전환을 완료한 농민

② 사탕수수 식재에 어려움을 겪고 있는 농부

③ 0.5헥타르 이하의 토지 소유자 혹은 소작농을 우선함

④ 융자 대상 농민의 경작지는 최소 0.25헥타르 이상이어야 하
며, 최대 5헥타르를 넘어서는 안 됨

AFTC 설립 이후 PFTC의 변화

iCOOP생협의 재정적 지원과 PFTC의 조직화 노력으로 파나이
섬 앤티크주에 새로운 공정무역의 씨앗이 뿌려진 것은 한국 공정
무역운동의 짧은 역사에 비추어볼 때 매우 고무적인 사건으로 평
가될 만하다. 아직까지 생산자조직의 조직화 수준이나 사탕수수

재배기술, 마스코바도 생산 역량 등이 정상 궤도에 오른 것은 아니지만, AFTC의 설립 이후 지역사회에는 의미 있는 변화가 이루어지고 있다. 변화의 구체적인 단면은 다음과 같이 정리해볼 수 있다.

첫째, 공정무역 생산지의 공간적 확산이 이루어졌다. PFTC는 파나이섬을 대표하는 공정무역단체지만, 그동안 이 단체와 연계된 생산자조직은 일로일로주의 경계 안에 머물고 있었다. 하지만 AFTC의 건립을 계기로 파나이섬 내 공정무역의 활동 범위가 주경계를 넘어 실질적으로 확대되었다. 이를 계기로 공정무역 네트워크의 수혜자 그룹이 확대되었고 나아가 공정무역의 이념과 가치가 확산될 가능성도 늘었을 것으로 판단된다.

둘째, PFTC의 관리 역량이 신장됐다. AFTC의 조직화 및 건립 과정에서 iCOOP생협이라는 해외 파트너 조직의 재정적 지원은 큰 기여를 했지만, 생산지를 발굴하고 개별화된 농민들에게 공정무역의 가치에 대한 의식화 계기를 제공하고, 교육 및 훈련을 통해 AFTC 조직화에 기여한 공은 PFTC의 몫이다. 이 과정에서, PFTC의 조직적 측면과 사업적 측면에서의 역량 강화가 이루어졌을 것이며, 장기적으로 '파나이섬을 공정무역의 메카로 만들자!'는 iCOOP생협과 PFTC/AFTC 양 기관의 합의된 전망을 향한 일보 전진으로 평가할 만하다.

셋째, 지역사회 경제 활성화에 분명한 기여가 있었다. AFTC의 설립으로 앤티크주 벨리슨군에서만 60여 명의 소농이 새롭게 공정무역 네트워크에 접속하게 됐고, 회원 농민들은 일차적으로 상당한 추가 소득을 얻게 됐다.

넷째, 참여 및 자치의 확대 가능성이 확인되었다. 공정무역은 생산자와 노동자에게 경제적 기회가 될 뿐만 아니라 조직 운영에 참여함으로써 민주주의를 학습하는 장으로서의 가능성도 확대시키는 잠재력을 지니고 있다. AFTC의 회원 농민들은 사탕수수 재배를 넘어, 집합적으로 소유한 설탕공장 운영에도 참여함으로써 추가적인 소득을 얻고 자치 능력을 신장시키게 될 것이다.

다섯째, 생산자조직의 측면에서 공정무역의 지속가능성이 확인됐다. 공정무역에서 소비자 파트너들은 예측가능한 수요를 지속적으로 유지함으로써 생산자들이 안정적인 생계를 누리는 데 기여하는 역할을 한다. 다른 한편 생산자 파트너 역시 안정적인 생산역량을 유지·발전시키는 역할을 수행할 필요가 있다. 설문조사 결과 AFTC 결성 이후 벨리슨군에서 45세 이하의 남성(사실상의 가족농)이 상당수 참여하고 있다는 점은 AFTC의 조직적 안정성과 생산역량 제고에 긍정적인 요인으로 작동할 것으로 기대하게 만든다.

AFTC의 조직화 및 신규 공장 건설은 iCOOP생협과 PFTC/AFTC 간의 공정무역 파트너십을 한 단계 발전시킨 중요한 계기가 됐다. 본 연구는 생산지에서의 경제 사회적 변화에 초점을 두고 수행됐으며, 조사 결과는 생산지에 분명한 긍정적 변화를 만들어 냈다는 것이었다. 하지만 양 조직 간의 파트너십이 유지/발전되기 위해서는 소비자단체의 변화도 중요하다는 점을 다시 한 번 강조하고 싶다.

5장

공정무역, 연대로 만드는
희망의 거래

공정무역은 1940년 미국의 한 자원활동가가 카리브해의 푸에르토리코 여성들이 만든 자수와 공예품들을 구매해 자신의 이웃들에게 판 데서 시작됐다고 한다. 이는 카리브해 빈민여성들의 공예품을 전문적으로 파는 상점 텐사우전드빌리지로 발전했다. 1950년대에는 유럽에서도 유사한 모델들이 나타나기 시작했다. 영국의 대표적인 개발 NGO 옥스팜도 홍콩의 중국 난민들이 만든 수공예품을 수입해 판매하기 시작했는데, 이것이 유럽 전역으로 퍼져 이른바 제3세계 상점들이 생겨나기 시작했다. 1970년대에서 1980년대까지는 공정무역기구들이 국제적으로 조직화한 시기다. 1987년 유럽 내 11개 주요 공정무역단체의 연합체인 유럽공정무역연합이 결성됐고, 2년 뒤인 1989년에는 소비자조직과 생산자조직을 망라하는 세계공정무역기구가 만들어졌다.

공정무역 이해하기

인간의 역사는 언제나 경쟁과 협동이라는 상반된 속성의 경합 가운데 진행되어왔지만 현대사회는 경제활동에서의 과독점과 승자독식 문화가 팽배한다. 세계 자본주의가 진전됨에 따라 농업-먹거리 영역에서도 생산자로서 농민의 역할은 점점 더 축소되어왔으며, '종자에서 식탁까지' 수직적 계열화를 이룬 소수의 거대 자본의 영향력은 점점 더 커져왔다.

그렇지만 경제적 가치실현의 최종 단계인 소비 부문에서도 '또 다른 가치'를 추구하는 의식적 소비 행위가 영향력을 확대하고 있다. 윤리적 소비ethical consumption가 바로 그것이다. 윤리적 소비란 소비자가 상품 및 서비스를 구매할 때 윤리적인 측면을 고려하는 것으로 대체로 인간, 동물, 환경에 대한 해로운 영향을 최소화하는 것을 목표로 한다. 윤리적 소비의 예로는 건강과 환경을 동시에 고려하는 친환경농산물의 소비, 장애인이나 소외 계층을 고용하는 사회적 기업에서 생산된 상품의 구매, 국경을 넘어 공정무역 시스템을 통해 수입된 공정무역 상품의 소비 등이 있다.

공정무역은 개발도상국의 취약한 생산자들에게 착취적인 것이 아니라 호혜적인 조건하에 시장에 대한 접근성을 제공함으로써 절대 빈곤을 벗어날 수 있는 기회를 제공하는 것을 목적으로 하는 대안무역의 한 형태이다(Nicolas and Opal 2005). 공정무역 주창자들 및 연구자들은 대체로 관행무역에 대해 비판적인 입장에서 논의를 시작한다. 현재의 관행 자유무역이 제1세계에 위치한 구매자의 이윤을 최대화하는 방식으로 작동하며, 근본적으로 권력의 불평등성을 내재하기 때문에 제3세계의 가난한 생산자나 노동자의 생활수준 개선과 지역사회 발전을 보장하지 못한다는 것이다.

공정무역을 대표하는 네 개의 국제조직*은 공정무역을 다음과 같이 정의한다. 이는 공정무역을 이야기할 때 가장 많이 인용되는 정의이기도 하다.

공정무역은 대화와 투명성, 존중에 기초하여 국제무역에서 보다 공평하고 정의로운 관계를 추구하는 거래 기반의 파트너십이다. 공정무역은 특히 저개발국에서 경제발전의 혜택으로부터 소외된 생산자들에게 더 나은 거래 조건을 제공하고 그들의 권리를 보호함으

---

* 공정무역인증기구FLO, 대안무역을 위한 국제연합IFAT(International Federation for Alternative Trade), 유럽세계상점네트워크NEWS(Network of European Worldshops), 유럽공정무역연합EFTA. 네 조직의 머리글자만 따면 FINE이 된다. 그런데 이 중 IFAT는 2008년 10월 스리랑카에서 개최된 국제대안무역 회의(IFTA, 2008)에서 투표를 통해 세계공정무역기구로 단체명을 변경했다.

로써 지속가능한 발전에 기여한다.

(소비자들에 의해 지지되는) 공정무역기구들은 생산자들을 지원하고, 인식을 고취시키는 데 적극적으로 개입하고 있으며, 나아가 전통적인 국제무역의 규칙과 관행들을 변화시키기 위한 캠페인을 펼치고 있다.

FINE(2004)

이처럼 공정무역은 경제·사회·정치적 측면에서 가치를 중시하며, 가치에 대한 존중을 넘어 현실에서 실질적인 경제활동을 실천함으로써 기존의 무역 질서와 다른 대안무역의 가능성을 만들어내고 있다. 공정무역은 대체로 〈표 5-1〉과 같은 핵심 원칙들을 강조한다.

하지만 공정무역의 역사가 반세기를 훌쩍 넘어섰고 관여하는 생산자조직과 소비자조직의 수가 늘어난 만큼 그 주체들이 주로 활동하는 지역에서의 사회경제적 맥락(사회적 경제 혹은 협동조합의 활성화 정도, 선진국-개도국 거래, 개도국-개도국 거래 등)에 따라, 개별 조직이 공정무역에서 중요시하는 것이 무엇인지(시장의 확대, 소비자의 의식 개선, 생산자 보호 등)에 따라 사업과 운동의 방향이 달라져왔다. 가령 '공정무역'을 영어로 어떻게 표기할 것인가에서부터 다른데, 영문 표기에서 한 단어 'Fairtrade'는 국제적인 공정무역인증기구가 강조

표 5-1 공정무역의 핵심 원칙

원칙		의미
1	취약한 생산자들을 위한 시장 접근성	구매자들이 기존 시장에서 배제된 생산자들과 거래할 수 있게 하고, 무역 사슬을 짧게 하여 생산자들이 최종 판매가격으로부터 최대한 많은 이익을 받게 함.
2	지속가능하고 공정한 무역관계	직거래, 간접 거래를 모두 포함함. 생산자와 소비자의 파트너십을 통해 생산비용을 함께 책임지는 것을 강조함. 생산자들의 생활을 평가하여 가격과 지불 정책이 결정되어야 하고 장기적인 무역 관계를 통해 정보를 공유하고 계획을 수립함.
3	역량 구축 및 강화	생산자조직들이 시장을 이해하고 지식, 기술 등을 발전시킬 수 있도록 함.
4	소비자 인식 증진과 옹호	소비자와 생산자의 연결을 기반으로 하며, 소비자들이 공정무역 단체들이 글로벌 무역 시스템을 더욱 공정하게 만들 수 있도록 지원함.
5	사회적 계약social contract 으로서의 공정무역	구매자와 생산자 간에 일종의 사회적 계약으로서 장기적 무역 파트너십을 구축하도록 노력해야 하며, 공정무역은 자선이 아니라 무역을 통한 변화와 발전을 위한 파트너십임을 강조함.

출처: WFTO and FIT(2009)(장승권 외 2015에서 재인용)

하는 공정무역인증체계 혹은 그 인증을 획득한 상품에 부여하는 마크(FLO)를 주로 의미한다. 반면 두 단어 'Fair Trade'로 표기하는 경우에는 공정무역 일반을 포괄하는 경우가 많다(장승권 외 2015).

전자의 공정무역 인증과 관련된 주장은 공정무역이 지구적으로 확산되는 가운데 1980년대부터 이른바 '주류화mainstreaming'*를 위해 인증제 도입이 필요하다는 주장과 맞닿아 있다. 인증제는 다양한 행위자들의 정보를 하나하나 확인해야 하는 절차를 줄일 수 있고 동시에 시장에서 품질을 보장해주는 일종의 브랜드 기능을 할 수 있다는 점에서 매우 실용적인 접근이다. 실제로 인증제가 도입된 이후부터 월마트를 비롯한 일반 유통업체나 스타벅스 등의 글로벌 커피체인회사들에서도 공정무역 상품을 판매 리스트에 올리게 됐고, 그만큼 공정무역의 전체 시장 규모는 커질 수 있었다. 인증제를 옹호하는 입장에서는 전체 판을 키울 때 더 많은 생산자가 공정무역 시장에 참여할 수 있고, 그것이야말로 기존 무역질서에 영향을 미치는 방법이라고 주장한다.

하지만 시장성보다 운동성, 다시 말해 생산자들에게 더 많은 참여와 권한이 보장되는 것이야말로 공정무역의 근간이며 인증제는 생산자를 또 다른 관리 체계에 종속시킨다는 점에서 비판적인 입장도 존재한다. 이러한 입장은 주로 제3세계의 생산자단체들이 다수 참여하고 있는 세계공정무역기구에서 주장하는 바다.

공정무역에 대한 실용주의적 입장(인증제 옹호)과 근본주의적 입

---

* 공정무역의 주류화란, 공정무역의 규칙이 관행무역에 가까워지고 관행적 유통업체나 생산자들도 공정무역의 규칙을 인정하며 공정무역 시장에 참여하게 되는 현상을 의미한다. 다시 말해 최소한의 원칙을 준수하는 선에서 공정무역과 관행무역 간의 차이를 없애는 것을 의미한다. 공정무역의 판을 키우는 효과를 갖지만 동시에 호혜적인 조건으로 시장 참여를 보장받았던 공정무역 생산자조직과 유통업체들이 관행업체들과 경쟁을 하게 되는 상황도 발생할 수 있다. Velly(2015)는 공정무역의 주류화에 대해 ① 기존의 유통업체(슈퍼마켓, 카페, 음식점 등)에서 공정무역 상품들을 취급하게 되는 것, ② 기존의 관행무역 주체들(플랜테이션, 다국적 농업 비즈니스 등)이 공정무역의 원칙을 준수하며 인증을 획득하는 것, ③ 공정무역이 사업적 성장을 통해 시장을 확대하는 것이라고 설명했다.

장(생산자의 권리 강화)은 시장과 운동을 동시에 지향하는 공정무역의 정체성에서 양 극단에 속한다고 볼 수 있다. 하지만 두 입장은 상호 배타적일 수 없다. 두 입장은 강조점이 다르지만 등 돌린 관계가 아닌 마주보고 있는 관계이다. 시장 없는 운동, 운동 없는 시장은 공정무역의 영역에서 존재할 수 없다는 점을 서로 잘 이해하고 있고, 때문에 〈표 5-1〉과 같은 최소한의 원칙에 합의하고 있는 것이다. 세계의 공정무역단체들은 시장과 운동의 속성을 모두 지니되 각 단체가 만들어지게 된 지구-지역적 맥락과 각 단체의 성격에 따라 공정무역의 넓은 스펙트럼 어딘가에 위치해 있다고 보는 것이 좋겠다.

공정무역의 태동과 지구적 확산

공정무역의 역사를 정리한 다양한 문헌들은 공정무역이 출발한 시기를 1940년대로 잡는다. 1940년 미국의 한 자원활동가가 카리브해의 푸에르토리코 여성들이 만든 자수와 공예품들을 구매해 자신의 이웃들에게 팔기 시작한 것이 시초라고 한다.* 이는 카리브해 빈민여성들의 공예품을 전문적으로 파는 상점 '텐사우전드빌리지Ten Thousand Villages'로 발전했다. 텐사우전드빌리지는 가파르게 불어나 2010년경 북아메리카 지역에 있는 매장 수가 130개나 됐다

(St-Pierre 2010).

1950년대에는 유럽에서도 유사한 모델들이 나타나기 시작했다. 영국의 대표적인 개발 NGO 옥스팜Oxfam도 홍콩의 중국 난민들이 만든 수공예품을 수입해 판매하기 시작했는데, 이것이 유럽 전역으로 퍼져 이른바 제3세계 상점Third World Shop들이 생겨나기 시작했다. 이러한 움직임은 1960년대 영국의 옥스팜과 네덜란드의 오가니사티에Organisatie 등이 시민운동의 일환으로 공정무역 조직과 단체를 만드는 것으로 이어졌다(Ransome 2001).

1970년대에서 1980년대까지는 공정무역기구들이 국제적으로 조직화한 시기다. 1970년대 중반부터 세계의 공정무역단체들이 수년에 한 번씩 컨퍼런스 형식을 빌려 비공식적으로 만나기 시작했는데, 1980년대에 접어들면서 공식적인 국제기구에 대한 요구가 높아졌다. 1987년 유럽 내 11개 주요 공정무역단체의 연합체인 유럽공정무역연합이 결성됐고, 2년 뒤인 1989년에는 소비자조직과

---

* 푸에르토리코는 카리브해의 섬으로, 괌이나 사이판과 같은 미국의 자치령이다. 400여 년 가까이 스페인의 식민 지배를 받다 1898년 미국-스페인 전쟁에서 미국이 승리하면서 지배세력이 바뀌었다. 직접선거를 통해 주지사를 뽑지만 국방 및 외교는 미국 연방정부에 위임하는 형태를 취하고 있다. 정치적·경제적인 측면에서는 미국에 의존적이지만 사회문화적 측면에서는 스페인어를 사용하고 절대다수가 가톨릭을 믿는 등 중남미에 가까운 편이다. 푸에르토리코는 '부유한 항구'라는 의미를 지니고 있는데, 20세기 초까지만 해도 미국의 공장으로 경제적 번영을 누렸으나 잇따른 정치 실패와 경제 실패 속에 인구의 절반 가까이가 절대 빈곤층에 속할 정도로 큰 빈부격차로 몸살을 앓아왔다. 미국의 51번째 주로 편입되기 위해 5차례나 주민투표를 실시하였으나 미국의 거부로 편입은 이루어지지 않고 있다(《오마이뉴스》 2017/06/11).

생산자조직을 망라하는 세계공정무역기구가 네덜란드를 기반으로 만들어졌다. 세계공정무역기구는 공정무역의 전체 공급 사슬(즉 생산에서 판매까지)을 비롯해 생산자들에게 재정이나 기술을 지원하는 조직들까지 망라하고 있다. 이로써 전 지구적 차원의 공정무역운동이 힘을 얻게 됐는데, 그 이후에는 세계공정무역기구의 지역별 네트워크 단위들(가령 WFTO Asia, WFTO Africa and Middle East 등)이 따로 만들어질 정도로 조직의 확대 및 분화가 이루어졌다(WFTO 2015).*

1980년대 유럽의 대안무역 조직들은 주요한 도전에 직면하게 됐다. 공정무역 상품이 지녔던 새로움은 사라지고, 수요는 더 이상 높아지지 않았으며, 일부에서는 수공예품 중심 공정무역운동의 진부함old fashioned을 지적하고 나섰다(Redfern and Snedker 2002). 공정무역 시장에서 수공예품 시장의 축소는 공정무역 운동가와 공정무역 지지자들로 하여금 그들의 사업 모델과 목표를 다시 생각하게 만들었다.

다른 한편 1980년대는 농업 생산 과잉으로 인해 국제 농산물가격이 하락하여, 농산물을 위시한 1차 산업 수출에 의지하던 가난한 국가의 농민들에게 큰 타격을 입혔던 시기이기도 하다. 1970년

---

* 공정무역의 역사(https://wfto.com/about-us/history-wfto/history-fair-trade)

대 미국의 금 태환 포기로 인해 달러 가치가 폭락하고 두 차례의 석유 파동에 농산물 흉작까지 겹치면서 국제 농산물가격이 폭등하자 세계 각국은 식량안보와 자급에 관심을 기울이게 되었다. 이에 따라 각국에서 농업 부문 투자가 증가했는데, 이것이 역으로 1980년대 농산물 과잉생산과 가격 하락으로 이어진 것이다. 미국이나 유럽경제공동체EC와 같은 선진국들은 농산물 수출보조금 정책을 통해 자국 농민들을 보호하는 전략을 취할 수 있었지만 저개발국에서는 가격 하락으로 인한 피해가 속출했다(최세균·어명근 1998).

이에 서구의 공정무역단체들은 제3세계 농민들을 위한 농산물 가격 보전에 관심을 갖게 됐는데, 이후 몇 년간 공정무역에서 농업 상품들이 점점 증가하면서 대안무역조직의 성장에도 중요한 역할을 했다. 최초로 거래된 공정무역 농산품은 차와 커피였으나, 곧 말린 과일, 코코아, 설탕, 과일 주스, 쌀, 향신료, 땅콩 등도 거래되기 시작했다. 1992년 공정무역 상품 판매에서 수공예품과 농산물이 차지하는 비중은 각각 80%, 20%였는데, 2002년에는 각각 25.4%, 69.4%로 완전히 역전됐다. 공정무역 상품에서 농산물이 차지하는 비중이 높아지면서 공정무역에 참여하는 생산자들의 수도 크게 늘어났고, 농민들은 실질적인 수입 증가를 경험할 수 있었다 (Nicholls and Opal, 2004).

1988년 네덜란드에서 시작된 막스 하벨라르Max Havelaar*는 공정무역 역사에서 최초의 인증 라벨이자 인증협회다. 막스 하벨라르 협회는 1988년 네덜란드 시민사회에 의해 창설됐는데, 이 단체는 1986년 멕시코 치아파스주의 커피 소생산자들과 그들을 돕고 있던 네덜란드 출신의 프란스 판 데어 호프Frans van der Hoff 신부의 요청에 의해 만들어졌다. 동명의 무역회사가 멕시코 현지에도 만들어졌으며, 이 회사는 네덜란드의 막스 하벨라르 협회와 연대하며 멕시코 농민들이 생산한 커피가 유럽 시장에서 판매될 수 있도록 재정적·기술적 지원을 했다. 이를 통해 농민들은 추수 이전에 선불금융을 받아 안정적으로 농산물을 생산하고 유럽의 소비자들은 보다 신선한 상품을 유통망에 비해 저렴한 가격에 구입할 수 있게 됐다(프란스 판 데어 호프·니코로전 2008).

막스 하벨라르의 커피는 인증제가 시작된 지 1년 만에 세계 라

---

* 《막스 하벨라르》는 네덜란드 작가 에두아르드 도우스 데케르Eduard Douwes Dekker가 1860년에 쓴 소설의 제목이자 소설 속 주인공의 이름이다. 소설의 시간적 배경인 1800년대 중반은 네덜란드 동인도회사VOC가 파산한 후(1799년) 네덜란드 정부가 식민지를 직접 통치하던 시기다. 네덜란드 정부는 식민지 경영자금을 마련하기 위해 인도네시아 농민들에게 커피 및 설탕 재배지를 강제로 할당하는 제도를 만들었다. 소설은 당시 인도네시아 반뜬주 르박 지역에서 자바인들에게 행해진 폭력적 착취를 상세히 묘사함으로써 본국 정부와 유럽 시민들로 하여금 자신이 누리는 풍요가 식민지 아시아인들의 고통을 전제로 한다는 사실을 자각하게 만들었다. 이 소설의 영향으로 네덜란드의 식민정책은 현지인들에게 교육 및 문화를 제공하는 '윤리적 전환'이 이루어졌으며, 이러한 교육개혁을 바탕으로 인도네시아의 민족주의가 싹틀 수 있었다. 2018년 2월 11일 인도네시아 반뜬주 르박군에 물따뚤리 박물관Museum Multatuli이 문을 열었는데, 물따뚤리는 《막스 하벨라르》의 저자 데케르의 필명이다(엄은희 2018).

벨 커피시장의 3%를 점유할 정도로 큰 성공을 거두었다. 이 조직은 커피의 성공을 바탕으로 카카오, 초콜릿, 차 등으로 인증 상품의 수를 늘려나갔고 공정무역의 세계적 네트워크는 보다 긴밀하게 발전할 수 있었다(WFTO 2015).*

공정무역에서 식품 분야, 그중에서도 가공 수준이 낮은 농산물은 공정무역 소비자와 생산자 간의 물리적·기호적 거리를 가깝게 만들고, 생산자들에게 가장 직접적인 공정무역 혜택을 제공할 수 있다. 특히 현재와 같이 글로벌 식품 체계에 의한 포섭 수준이 높아진 상태에서 안전한 먹거리의 생산과 소비를 위한 노력은 지구 환경의 보전과 생산자 보호라는 이중의 효과로 이어질 수 있기 때문에 식품 공정무역의 성장은 긍정적 효과를 지닐 수 있다고 여겨진다.

지금, 세계의 공정무역

국제공정무역기구의 연례보고서(2017)에 따르면, 2016년 전 세계에서 공정무역에 참여하고 있는 생산자조직은 73개국 1,411개이며, 공정무역에 참여하고 있는 농민과 노동자 수는 160만 명에 달한다. 공정무역 생산자들은 일정한 조직체(주로 생산자협동조합)를 결성하

---

* 공정무역의 역사(https://wfto.com/about-us/history-wfto/history-fair-trade)

며, 일회적인 가입에서 끝나는 것이 아니라 소비자조직 혹은 인증 조직과의 교류를 통해 지속적인 교육과 훈련을 받게 된다. 이를 통해 단순히 생산의 기술적인 요소만을 습득하는 것이 아니라 조직의 결성 및 운영에 직접 참여함으로써 역량 강화의 기회를 얻을 수 있다. 공정무역 생산자조직은 주로 여성, 청년 혹은 취약계층에게 가입과 교육에서의 우선권을 부여하는 편이다. 최근 지구적으로 문제되고 있는 기후변화는 특히 열대지역에서 농업 생산성과 농촌 공동체의 복지 및 안녕에 부정적인 영향을 끼치고 있기 때문에, 기후변화에 대응하는 다양한 훈련 프로그램도 함께 제공되고 있다. 위의 연례보고서에 따르면, 아시아-태평양의 생산자조직의 경우 약 80%가 다양한 종류의 교육 및 훈련 프로그램에 참여했음을 보여준다.[*]

공정무역 상품의 판매 규모는 78억 8,000유로(한화 약 11조 원)에 달한다. 공정무역은 공정한 가격 이외에 '공정무역 프리미엄'의 형태로 별도 기금을 조성하여 생산자 공동체에 지원하는데, 2016년 생산자들에게 지급된 공정무역 프리미엄은 약 1억 5,000만 유로(한화 약 1,940억 원)이다. 주요 공정무역 상품의 판매 규모는 〈표 5-2〉와 같다.

---

[*] https://annualreport16-17.fairtrade.net/en/deepening-impact-through-programmes/.

표 5-2 공정무역상품 판매 규모(2016)

상품명	판매 규모 (1,000톤)	전년대비 성장률	유기인증 비율	
			관행농	유기농
바나나	579,081	5%	42%	58%
코코아	136,743	34%	83%	17%
커피	185,819	3%	43%	57%
면화	8,125	-4%	자료 없음	
꽃과 식물	829,101*	5%	100%	-
설탕(사탕수수)	166,260	7%	76%	24%
차	12,123	5%	77%	23%

* 꽃과 식물의 단위는 1,000개다.
** 출처: Fairtrade International(2017)
https://annualreport16-17.fairtrade.net/en/wp-content/uploads/sites/2/2017/09/Estimated-V-sold-by-FT-Producers-2015_english.jpg

공정무역운동의 지역화, 공정무역마을운동

공정무역은 지속적으로 성장하고 있는 시장이고, 많은 경우 개별 국가와 지역에서 보다 큰 사회적 경제의 일부로 자리 잡고 있다. 지금까지의 공정무역운동이 생산에서 소비까지 상품사슬의 특정 지점에 위치한 조직들이 협력적 관계를 바탕으로 '보다 공정한 경제적 활동'을 강화하는 데 관심을 두었다면 최근에는 공정무역을 성장시키는 유효한 방법으로 지역을 기반으로 한 캠페인이 주목을 받고 있다. 그 운동이 바로 공정무역마을운동Fair Trade Town Campaign 이다.

공정무역마을운동은 지역을 기반으로 한 공정무역 캠페인이다.* 영국 랭카스터주 가스탕 마을의 주민들이 2000년 4월 마을회의를 통해 세계 최초의 공정무역마을을 만들 것을 결의하면서 이 운동이 시작되었다. 공정무역이 확산되기 위해서는 기존의 인증마크 혹은 제품을 중심으로 한 산발적인 운동이 아니라 지역 내 이해당사자들의 이해와 참여를 적극적으로 끌어낼 필요가 있다. 공정무역마을운동이 정의하는 지역사회 이해당사자는 지방의회, 지역 내 공정무역 사업체, 지역공동체(시민), 지역 미디어, 행정적 차원에서 유효한 공정무역위원회 등이다. 특히 위원회의 캠페인 활동을 통해 지방의회가 공정무역운동을 지지하는 '조례'를 제정하게 되면 공정무역이 공공조달 정책 내에 포함될 가능성이 생긴다. 정부뿐만 아니라 학교, 대학, 기업, 종교기관 등에서 내부의 조달 방침에 따라 공정무역을 이용할 수 있게 된다면 공정무역의 저변은 분명히 확장될 것이다(장승권 외 2015).

---

* 이 운동이 시작된 가스탕이 마을town 규모였다 보니 공정무역마을운동이 되었다. 그러나 운동의 기반이 되는 지역의 규모는 공정무역마을, 공정무역자치구district/borough, 공정무역도시, 공정무역국가(예: 스코틀랜드와 웨일즈) 등으로 다양할 수 있다.

2018년 6월 현재 전 세계 34개국에 2,065개의 공정무역마을운동 조직이 존재한다. 대륙별로는 유럽이 1,982개로 가장 많은 수를 차지하며, 북아메리카 69개, 호주·뉴질랜드 12개, 라틴아메리카 5개, 아프리카 3개, 아시아에서 19개 조직이 공정무역마을 국제 네트워크에 이름을 올리고 있다(타데우스 마쿨스키 2018).

임영신(2018)의 발표 자료에 따르면, 한국의 공정무역마을운동은 2012년 서울시가 공정무역도시 추진을, 성북구가 공정무역선도구 추진을 선언하면서 시작됐다. 이후 인천시(2010년), 부천시(2016년), 경기도(2017년), 화성시(2018년) 등이 잇따라 공정무역마을운동 추진을 선언했다. 한국의 지방자치단체가 공정무역마을/도시의 추진을 선언한다는 것은 공정무역과 관련된 조례를 제정하고, 담당 직원을 배치하며, 공공조달의 힘을 활용해 행정 관할지역 내에서 공정무역 관련 캠페인을 지원하고 물품에 대한 지역 내 접근성 제고를 위해 노력한다는 것을 의미한다. 2017년 12월 인천시가 한국에서는 처음으로 공정무역도시로 인정받았으며, 2018년 7월에는 서울시가 2012년부터 추진해온 공정무역도시를 위한 기준을 충족시킴으로써 공정무역도시 인증이 가능해졌다.*

---

* 한국공정무역마을위원회(http://fairtradetownskorea.org/).

공정무역과 설탕*

공정무역 설탕은 세계 설탕시장에서 저평가된 개발도상국의 농민들을 돕기 위해 1990년대 말 유럽시장에 처음 도입되었고, 2000년에는 영국에도 도입되었다. 개발도상국의 사탕수수 농민들은 공정무역 인증과 호의적인 설탕 가공업체들에 연계되면서 국제시장에 직접 접근할 수 있게 되었다. 다른 제품들과 달리 설탕은 공정무역 최저가격이 존재하지 않는다. 설탕의 국제가격은 너무도 복잡하게 결정될뿐더러 시장이 왜곡되어 있기 때문에, 공정무역 설탕가격은 생산자와 무역업자 간의 협상에 의해 결정된다. 이런 상황이지만 다행스럽게도 설탕에 대한 공정무역 프리미엄은 국제 공정무역 설탕 거래망 내에서 고정되어 있다.

세계 공정무역 설탕 개요(2014년 기준)

- 공정무역에 참여하는 농민의 수는 62,700명(전년대비 1% 증가)
- 공정무역 사탕수수 재배지 면적은 16만 2,100헥타르(전년대비 7% 증가)
- 공정무역 인증을 받은 농민들이 생산한 설탕 총량은 62만

---

* Fairtrade Sugar Fact Sheet & Producer Profiles(2013-2014).

5,500톤(전년대비 2% 증가)

- 이 중 유기농 인증을 받은 설탕 총량은 14만 3,600톤(총 생산량의 23%, 전년대비 14% 증가)

- 공정무역 인증제하에서 판매된 설탕 총량은 21만 9,700만 톤(전년대비 4% 증가)

- 생산조합에 제공된 공정무역 프리미엄은 1,140만 달러(약 127억 원, 전년대비 5% 증가)

글로벌 공정무역 시장에 설탕을 공급하는 생산자조직은 19개국 101개에 달한다(2017년 기준).

전 세계적으로 180여 개의 회사가 1,500개 이상의 공정무역 설탕 혹은 설탕 부산물을 판매하고 있다. 이 중 18%는 포장 설탕이고, 79%는 공정무역 설탕을 포함한 기타 가공상품이며, 공정무역 설탕을 원재료로 개발된 화장품 등이 약 3%다. 포장 설탕은 과립형, 원당, 데메라라demerara(카리브해 서인도 제도에서 생산되는 담갈색 조당), 부드러운 연갈색당soft light brown, 부드러운 흑갈색당soft dark brown, 마스코바도, 정제당 등으로 다양하다.

미국에서 6월은 전국 사탕의 달National Candy Month이기도 하다. 오늘날에는 설탕이나 사탕이 몸에 해롭다는 견해가 지배적이지만, 미국 공정무역기구는 환경과 제3세계 농민을 돕는 공정무역 설탕

사탕수수 노동자 ⓒ엄은희

과 설탕 제품에 대한 인식 제고를 위해 2017년 6월 '설탕에 대해 당신이 알아야 할 10가지'를 작성해 웹사이트에 게시했다.* 중복되는 이야기를 제외하고 정리하면 다음과 같다.

① 사탕수수는 대나무처럼 길게 자라는 식물로 최장 4~5미터까지 자란다. 대부분의 열대 국가에서 재배가 가능하다. 식재 후 12~18개월이면 수확 가능할 정도로 자란다. 밑동을 남겨두면 다시 자라며 5~7년마다 새로 심으면 된다. 꺾꽂이하듯 생장점이 있는 가지를 땅에 묻으면 새로 자란다.

② 전 세계적으로 설탕은 연간 1억 7,500만 톤이 생산된다. 80% 이상의 설탕이 사탕수수로 만들어지며 사탕무는 약 17%를 차지한다. 사탕수수 산지는 대체로 개발도상국이나 저개발국에 위치하며, 대부분 소농이 재배한다.

③ 전 세계적으로 19개국 101개 인증 조직에서 6만 2,700명의 농민이 공정무역 설탕을 생산하고 있다. 공정무역 설탕을 가장 많이 생산하는 국가는 피지, 벨리즈, 파라과이, 모리셔스, 자메이카 순이다. 2013~2014년에 공정무역 방식으로 생산된 설탕의 총량은 21만 9,700톤이다. 공정무역 설탕 생산자 중 23%가 유기농 인증

* http://fairtradeamerica.org/Media-Center/Blog/2017/June/Ten-Sugar-Facts-to-Satisfy-Your-Sweet-Tooth.

을 받았다. 2014년 기준 유기농 공정무역 설탕 생산량은 전년대비 14% 증가했다.

④ 다른 공정무역 상품들과는 달리, 사탕수수에는 고정된 공정무역 프리미엄이 없다. 세계 설탕시장이 너무도 복잡하고 상당히 왜곡되어 있기 때문에 설탕가격은 매년 편차가 크다. 따라서 대부분의 공정무역 설탕 생산자들은 설탕 생산 자체보다는 설탕 가공 공장에 투자하고 거기에서 얻은 수익을 배분하는 방식으로 프리미엄을 획득한다.

⑤ 공정무역운동에 참여하는 사탕수수 농민들은 평균적으로 설탕 1톤당 60달러의 공정무역 프리미엄을 얻는다. 유기농 인증까지 획득하면 1톤당 80달러를 받을 수 있다. 농민들에게 제공된 공정무역 프리미엄은 1,140만 달러로 그만큼의 추가적인 소득이 농민 개인과 공동체에 제공된 셈이다(그렇지만 공정무역 인증을 받은 농민들이 생산한 설탕이 모두 공정무역 시장에서만 거래되는 것은 아니다). 생산조직 참여자들은 공정무역 프리미엄의 사용처를 민주적인 방식으로 결정하여 자신들의 지역사회와 사업을 개선한다. 2013~2014년의 조사 결과에 따르면, 공정무역 설탕 생산자들은 기금의 52%를 생산 조직에 재투자해 미래 사업을 개선하는 데 사용했고, 41%는 생산자 개인들에게 다양한 방식(배당, 대출, 장학금 등)으로 분배했으며, 나머지 7%는 지역공동체를 위해 사용했다.

⑥ 파라과이는 세계에서 가장 큰 유기농 설탕 생산국이다. 공정무역 인증 사탕수수생산자조합인 만두비라 협동조합Manduvira Cooperation은 2014년 4월 농민 스스로가 소유하고 운영하는 세계 최초의 현대식 유기농 설탕공장 기공식을 가졌다. 이 조합에 속한 농민들은 설탕공장의 소유주가 됨으로써 설탕공급망에서 더 많은 부가가치를 얻을 수 있게 됐다. 공장 건설 프로젝트에는 약 1,500만 달러가 소요됐고, 비용은 이 생산조합과 거래하는 소비국 생산자들의 지원, 국제금융기구의 지원, 그리고 조합에서 적립해온 공정무역 프리미엄 등으로 충당됐다.

⑦ 벨리즈사탕수수생산조합Belize Sugar Cane Farmers' Association은 아동 노동 방지를 위해 지속적으로 노력해왔고, 마침내 2017년 2월 자국 노동부로부터 사탕수수 농장에서 아동 노동에 관한 노동규범을 새롭게 정립하는 데 성공했다.*

한국의 공정무역: 15년의 역사

한국에서는 2002년 이래로 공정무역 혹은 대안무역을 표방하는 단체들이 꾸준히 늘어났다. 그해 아름다운가게가 네팔과 인도의

* http://fairtradeamerica.org/Media-Center/Blog/2017/March/Child-Labor-in-Belize.

수공예품을 한국 소비자들에게 판매하려 했던 것이 한국에서 공정무역이라는 국제적 운동이 최초로 소개된 사례라 할 수 있다. 하지만 사업적인 측면에서 봤을 때 이 시도는 그다지 성공적이지 못했다.

한국에서 본격적인 공정무역 상품의 판매는 2004년 두레생협이 필리핀 네그로스섬의 마스코바도 설탕을 자체 생협 조직망을 통해 판매하면서 시작됐으며, 2006년 이후 YMCA는 동티모르에서 들여온 커피를 '피스 커피peace coffee'라는 상품명으로 보급해오고 있다. 같은 해 여성환경연대가 네팔에서 수공예품, 옷감, 옷, 여성용품 등을 수입하여 판매했으며, 이듬해에 '페어트레이드코리아'라는 공정무역 전문기업을 설립했다. 이 사회적 기업은 식품이 아니라 남아시아의 여성 노동자들이 직접 만든 직조물과 수공예품을 주로 취급한다는 점에서 다른 단체들과 차별적이다. 또 다른 단체인 iCOOP생협도 2007년 공정무역추진위원회를 출범시키면서 이 국제적 운동에 참여하게 되었다. 조합원에게 처음 소개된 공정무역 상품은 연대단체인 YMCA의 지원으로 생산된 동티모르 커피(2007년 하반기)였고, 2008년 11월부터는 파나이섬에서 수입한 마스코바도 설탕을 공급하면서 공정무역운동에 적극 참여하게 됐다. 아름다운가게는 2014년에 공정무역 전문기업 아름다운커피를 설립해 아시아, 아프리카, 남미의 다양한 공정무역 상품을 소개하고 있다.

7개 정회원과 3개 준회원을 중심으로 한국공정무역단체협의회 (이하 한공협)가 설립된 2012년은 한국의 공정무역운동에서 중요한 전환점이다.* 개별 단체/기업을 넘어 협의체가 만들어진 것은 공정 무역을 표방한 단체와 기업들이 짧은 시간 내에 성장한 것도 한 배경이지만, 다른 한편 같은 해 서울시가 공정무역도시 추진을 선언 하면서 공정무역의 저변 확대를 물밑에서 지원했던 것도 큰 도움 이 되었다. 서울시는 구청사와 신청사의 지하에 '시민청'이라는 공간을 만들었는데, 2013년 1월 이후로 이곳에서는 공정무역 제품 전 문판매장인 '지구마을'이 운영되고 있다.

2012년 이후 한국의 공정무역은 분명히 양적 성장을 보여주고 있다. 매출액 규모는 101억 원(2012년)에서 463억 원(2016년)으로 4.6배 증가했고, 공정무역 상품을 접할 수 있는 상점의 수는 404개 (2012년)에서 652개(2017년)로 1.6배, 공정무역 전문단체의 수는 9개 (2012년)에서 27개(2017년)로 3배나 증가하였다. 한공협에 참여하는

---

* 사단법인 한국공정무역단체협의회는 WFTO(세계공정무역기구)에 가입된 네트워크 조직으로 서 한국사회 내 사회적 경제와 공익 실현을 추구하는 시민사회 기반의 공정무역단체들의 간의 협력과 공정무역운동의 영향력 강화를 위해 설립됐다. 한국 공정무역의 발전을 위해 공동의 목소리를 내고, 새로운 공정무역단체를 식별하여 연대를 강화하며, 저개발국 생산자의 권리를 보호하고 경제적 자립을 돕는 공평하고 정의로운 파트너십을 구축하여 지속가능한 발전을 추구한다(http://fairtrade.or.kr/).

표 5-3 한국의 공정무역단체들(한공협 회원 단체, 2018년 기준)

단체/기업명	설립연도	주요 취급 활동 및 상품	웹사이트
기아대책 행복한 나눔	2012	지역 단위 나눔 가게 운영 중/커피 (멕시코, 인도네시아 등)	www.bemyfriend.co.kr
더페어스토리	2012	의류와 패션 업사이클링 브랜드 스 마테리아와 펜두카(나미비아 등 아프 리카)	www.thefairstory.com
두레생협APNet (에이피넷)	2004	마스코바도, 올리브유, 커피, 후추, 초콜릿, 건망고, 아몬드, 코코넛 오 일 등	www.apnet.or.k
아름다운커피	2002 (2014)	커피, 코코아, 초콜릿, 차, 견과류, 과자, 주스 등	www.beautifulcoffee.org
iCOOP생협	1997 (2007)	마스코바도, 바나나, 와인, 올리브 유, 커피, 후추, 초콜릿, 건망고, 아 몬드, 코코넛 오일 등	www.icoop.or.kr
아시아 공정무역네트워크	2012	건과일, 견과류, 커피, 계피, 카카오 초콜릿 등	www.asiafairtrade.net
어스맨	2011	보부상 활동	www.earthman.asia
페어트레이드 코리아 그루	2007	수공예품, 친환경의류, 패션소품, 유 기농 면제품, 화장품 등	www.fairtradegru.com
YMCA 카페티모르	2005 (2012)	현지 카페 운영 중/커피(동티모르)	www.cafetimor.com
트립티		공정무역, 공정여행, 커피 로스팅, 카페 운영 등	www.tripti.co.kr
이피쿱	2013	커피노동자 직원협동조합, 마포구 사회적경제통합지원센터와 상호작 용/북카페 운영과 커피 판매 등	https://www.facebook. com/epthepage/
인천공정무역 단체협의회	2011	인천지역 공정무역 단체협의체로 인천의 공정무역 축제, 교육, 캠페인 을 담당함.	ifto@hanmail.net
공기 핸디크래프트		수공예 리빙제품	www.gong-gi.com

* 연도 아래 괄호 연도는 공정무역 활동이 시작된 해다.
출처: 한공협 홈페이지 및 한공협(2018)의 자료를 기초로 재구성했다.

단체 및 기업들이 생산자조직에 제공하는 생산자 지원금 액수도 연간 7억 6,000만 원(2012년)에서 34억 7,000만 원(2016년)으로 4.6배나 높아졌다(조완석 2018).

한공협 회원 단체들이 주로 대안무역조직ATOs의 성격을 지니고 있다면, 국내에서 인증제도와 라벨링을 통해 공정무역 상품의 주류화를 추구하는 국제공정무역기구 한국사무소FLO Korea 같은 단체도 있다. 여기에는 스타벅스 같은 글로벌 커피체인에서부터 공정무역 상품을 수입해 자국의 일반소매점, 백화점, 카페, 홈쇼핑 등에 공급하는 유럽 기업들이 다수를 차지하지만 FLO 라이센스를 가진 한공협 회원 단체들(iCOOP생협, 어스맨, 아름다운커피)도 포함되어 있다. FLO 인증제품의 국내 매출액은 약 56억 원 정도로 추정된다(2014년 말 기준).

6장

나가는 글

하필이면 난생처음으로 국제선 비행기를 타고 간 곳이 필리핀이었다. 나는 동남아 연구자 그룹에서 10년차 중견연구자에 속한다. 최근 몇 년간은 여러 지역연구 프로젝트에 몸담아 일 년에 서너 달 정도를 동남아 각국에서 보내며 남들 보기에는 참으로 글로벌한 삶을 살고 있다. 그런데, 나의 첫 해외 경험은 그리 이르다고는 할 수 없는 나이 서른에 필리핀에서 시작되었다. 그리고 그때 내가 만난 필리핀은 에메랄드빛 바다를 배경으로 야자수 그늘 아래 해먹에 누워 한껏 게으름을 피울 수 있는 아열대 관광지도 아니었다.

그 첫 경험은 야학운동을 하던 남편이 동료들과 한 단체로부터 지원을 받아 필리핀의 민중교육, 주민조직화Community Organization를 주제로 4박 5일간 떠난 단기 연수 프로그램에 통역 겸 연수생의 일원으로 동행한 것이었다. 물론 마닐라 공항에서 연수기관까지 이동하면서 고층 빌딩도 보고, 야자수도 보기는 했다. 하지만 나흘간의 일정은 대부분 마닐라의 빈민가와 빈민운동 현장을 탐방하는 것으로 짜여 있었다. 가장 인상에 남은 장면도 일명 '불타는 산Smoky Mountain'이라 불리던 쓰레기 더미에서 플라스틱이나 철 등 재활용할 수 있는 물건들을 골라 담던 빈민들, 그 옆에서 해맑게 뛰어 놀던 아이들의 모습이었다.

아마 그때였을 것이다. 앞으로 내 인생에서 필리핀은 마냥 즐길 수 있는 여행지가 안 되겠구나, 여행이 아니라 다른 방식으로 이곳 사람들을 만나게 되겠구나, 그럼 어쩌면 '연구'가 이곳 사람들을 만날 방법일 수도 있지 않겠나, 하는 생각을 어렴풋이 떠올리기 시작한 것은.

2005년의 필리핀 첫 방문은 내 인생에 정말이지 중요한 기억으로 남았다. 이후 나는 다소 거창하게도 제3세계 환경 문제를 환경 정의와 환경교육의 관점에서 풀어내겠다는 마음을 먹었고, 1년 정도 준비를 거쳐 2006년 하반기에 박사학위 논문 집필을 위한 현지 조사차 필리핀을 다시 찾았다. 박사과정을 시작할 때만 해도 당시 교류하던 환경교사들의 모임 '환생교'(환경과 생명을 지키는 교사모임) 활동을 참여관찰하며 '환경교육학' 논문을 쓰겠다는 생각이었다. 그런데 필리핀에서 보낸 며칠이 계속 떠오르면서 마음을 흔들었고, 나는 본능이 이끄는 대로 '동남아 지역학'으로 박사논문의 방향을 틀었다.

그렇게 인연을 맺은 필리핀에서 1년 6개월을 살았다. 먼저 필리핀국립대학 로스바뇨스캠퍼스UPLB에서 부족한 어학 능력을 키우며 발전커뮤니케이션대학College of Development Communication의 방문 학생으로 8개월을 보냈다. UPLB는 마닐라에서 남쪽으로 2시간 거리에 있는 농업 및 환경분야 전문 캠퍼스였다. 마킬링 화산Mt. Makiling이 품어준 그 캠퍼스에서 나는 동남아 각지에서 온 친구들과 어울리며 필리핀이라는 나라를 이해하고자, 그들의 생활세계에 익숙해지고자 노력했다.

일차적인 준비를 끝낸 후 나는 마닐라로 거처를 옮겨 필리핀의 대표적인 환경단체인 LRC-KsK(Legal Rights & Natural Resource Center/ Kasama sa Kalikasan)에서 자원활동을 하며 논문 주제를 찾아보기로 결정했다. 2007년에 LRC-KsK는 여러 지역에서 동시다발적으로 진행된 광산 개발로 피해를 호소하는 풀뿌리 주민들과 연대하는 일에 집중하고 있었다.

1995년 필리핀 정부는 광산법을 제정하면서 광산업을 국가발전을 위한 선도사업이자 외국인 투자가 가능한 우선투자업종으로 지정했다. 하지만 광산업에 대한 외국인 투자는 외환위기와 정치적 혼란 속에 계속 지연되다가 2000년대 들어 아로요 대통령 시기에 본격화됐다. 내가 자원활동을 할 무렵엔 루손섬 북부의 코르디예라 산간지역과 루손섬 남부 알바이주의 라푸라푸섬 등에서 외국계 기업의 광산 개발이 진행 중이었는데, 공격적인 경영으로 환경 문제를 비롯해 주민들과 갈등을 빚는 사례가 왕왕 있었다. 그런데 라푸라푸섬에서 진행된 복합광산개발사업에는 한국 공기업인 광물자원공사를 비롯해 몇몇 한국 민간기업이 참여하고 있었다. 자연스럽게 이 현장에 대한 지원은 내 사수가 되어준 레가스피Legazpi(알바이주 주도)의 환경활동가 조슈아Joshua Reyes가 담당하고 한국인인 내가 보조하는 것으로 결정되었다. 그리하여 라푸라푸섬이라는 현장과 그곳에서 벌어진 복합광산개발사업 및 환경사고, 환경재난 이후 섬 사람들의 이야기는 내 박사학위 논문에서 가장 중요한 현장연구 주제가 됐다.

그렇게 반 년 정도를 마닐라국립대학 뒤편 NGO 기리의 다양한 단체와 현장에서, 레가스피에서, 그리고 레가스피에서 다시 세 시간 정도 배를 타고 들어가야 하는 라푸라푸섬에서 보냈다. 특히 주 현장인 라푸라푸섬은 당시 전기가 하루에 두 시간밖에 들어오지 않는 고립된 섬이었고, 그 섬에서 나는 사제관 한 귀퉁이에 살면서 광산 개발에 저항하는 주민조직 '사깁이슬라Sagip Isla'와 주민들 속에서 흥미진진한 경험을 했다.* 현장연구를 마친 뒤 귀국해 논문 심사를 받았고, 마침내 2008년 8월에 환경교육학 박사이자 동남아시아 연구자 그룹의 멤버가 됐다. 아래는 박사논문을 끝낸

---

* 사족이지만, 내게는 멋진 여성 연구자 동료들이 많다. 그중에서도 아시아, 아프리카, 남아메리카의 험지를 부러 찾아가 장기 현장연구를 하고 이를 통해 박사논문을 쓴 여성 지역 연구자들이 꽤 있다. 이들과의 만남은 언제나 유익한데, 박사논문을 위한 현지조사에서 여성 연구자로서 겪었던 도전, 재미, 환대, 흥분, 곤란, 위험, 혼란, 후회, 두려움, 그리고 그 모든 난관을 이겨내고 현지조사를 무사히 끝마친 뒤 박사논문을 쓰기까지의 과정은 밤새 들어도 끝나지 않을 이야기다. 이 이야기들 역시 후배 여성 연구자들과 국제 개발 활동가들을 위해, 다른 세계를 만나는 법이 궁금한 독자들을 위해 풀어놓을 날이 곧 오기를 기대해본다.

직후 몇몇 선배 교수들과 함께 번역한 책에 실린 내 소개글이다. 그 시기를 나는 이렇게 요약하곤 했다.

20대 때부터 여러 환경운동단체를 기웃거리다 환경에 관심을 갖게 됐고, 환경교육을 공부하러 대학원까지 갔다. 서른 넘어 네 살배기 딸을 남편에게 맡겨두고 1년 반 동안 필리핀에 머무르며 라푸라푸섬에서 강행된 다국적 기업의 광산 개발이 섬의 환경과 주민들에게 미친 영향에 대해 조사하며, 함께 싸웠다. 이 경험을 바탕으로 박사학위 논문 〈환경의 신자유주의화와 제3세계 환경의 변화: 필리핀 라푸라푸 광산 프로젝트의 정치생태학〉을 작성했다.

그런데 어쩐 일인지 박사학위 논문을 쓴 후 마음 한편이 내내 불편했다. 필리핀에 머무는 동안 '전생에 내가 필리핀 사람이었나 보다' 하는 생각이 들 만큼 너무나 친절한 사람들을 다양한 계기로 만날 수 있었다. 모두가 귀한 인연이었고 내 안에 들어와 '나' '들'을 채워준 사람들이었다. 겁 없이 논문 하나로 세상을 바꾸겠노라 결심하지는 않았지만, 그럼에도 내가 만난 관계에서 최선을 다하지 못한 것 같아 마음이 무거웠다.

한국 기업을 포함한 다국적 기업에 의해 환경재난이 발생했고, 그 현장을 찾아갔고, 그들의 이야기를 들었다. '이러저러한 피해를 입었다. 우리 마을, 우리 나라의 문제는 이러하다. 우리는 다시 평범한 어부로 돌아가고 싶다'는 이야기들을. 이를 토대로 쓰인 내 논문은, 그러나 그들로서는 읽을 수 없는 것이었다. 한국어로 쓰였으니까. 논문을 쓰는 동안에는 이 작업이 그들의 호소에 답하는 것이라 여겼다. 하지만 나는 의사소통이 불가능한 외국어로 답했고, 그 답을 전달할 방법도 찾지 못했다. 그렇게 나의 첫 번째 필리핀 연구는 상당한 찜찜함을 남긴 채 일단락됐다.

명색이 필리핀 지역학 연구자가 된 후 내가 만난 두 번째 연구 주제가 (이 책의 주제이기도 한) '필리핀의 설탕'과 '공정무역'이었다. 이즈음 새로운 동료 집단을 만나면서 나는 농업과 사회적 경제 영역에 관심을 갖게 됐다. 무엇보다도 박사논문의 주제, 즉 필리핀의 부정적인 단면이며 필리핀 민중을 힘겹게 하는 '온갖 사회·환경 문제들을 고발'하는 방식에서 벗어나고 싶었다. 대신 필리핀 민중이 주인공이 되어 스스로 지역사회를 바꿔나가는 '구체적이고 건강한 삶의 현장'을 연구에 담아내고 싶었다.

마침 한국의 소비자생활협동조합들에서 필리핀 농민조직들이 생산한 비정제설탕인 마스코바도를 공정무역 방식으로 들여오고 있었다. 이 주제라면, 현장관찰을 한 후 논문 한 편 쓰고 끝나는 것 이상을 할 수 있으리라 판단했다. 필리핀에서 설탕이 놓이는 맥락과 역사를 설명하고, 공정무역으로 한국의 소비자와 필리핀의 생산자가 연결되는 과정을 드러내고, 나아가 이를 위해 다양한 지점에서 애쓰는 행위자들의 노고를 대신 말해줄 수 있다면, 필리핀 생산자들에게 조금은 구체적인 도움을 줄 수 있으리라는 기대도 품었다.

이 책은 2010년에 집필한 논문 〈공정무역 생산자의 조직화와 국제적 관계망: 필리핀 마스코바도 생산자 조직을 사례로〉와 iCOOP 협동조합연구소의 연구용역과제 《공정무역을 통한 지역사회 역량강화: iCOOP생협과 PFTC/AFTC의 파트너십 연구》를 기초로 했다. 두 연구를 계기로 연구현장인 파나이섬에도 여러 차례 방문할 수 있었고, 다양한 자리에서 발표 및 강연 기회를 가질 수 있었다. 무엇보다도 발표 후 이어진 토론에서 연구 결과물에 담지 못한 여러 이야기가 나왔는데, 이를 보강해 책으로 묶어내려는 생각을 하게 됐다. 책을 쓰겠다고 결심한 뒤에는 서강대학교 동아연구소 HK 연구사업단의 지원도 추가적으로 받게 됐다.

사실 계획대로였다면 4~5년 전에 이미 출판됐어야 하는 책이다. 출판이 늦어진 것은 무엇보다 나 자신의 게으름 때문이다. 연구를 직업으로 삼은 사람이 가장 중요한 직무라 할 수 있는 글쓰기에 게으르다는 점은 언뜻 이해하기 어려울 것이다. 더욱이 직업적·사회적 요구에 응하면서 지난 10년간 다양한 주제를, 그것도 국경을 넘나들며 다루다 보니 칼럼 혹은 개조식 보고서만 쓰고 방치한 연구 주제가 연체료처럼 차곡차곡 쌓여 있다. 지난 10년간 한국 정치인들이 다른 문제를 끌어다 현재 문제를 덮어버리는 행태에 크게 분노했는데, 생각해보니 나 역시 한 주제를 끝내기도 전에 다른 주제로 넘어가며 산만하게 관심사만 넓혀온 것이 아닌지 부끄럽기 짝이 없다. 변명하자면 오랜 기간 내 이름을 걸고 책을 낼 만한 심적 여유도, 집중할 시간도 만들어내지 못했다. 이번엔 출판사와 서강대 동아시아 HK 연구사업단에 대한 마음의 빚을 갚는 심정으로 책을 마무리할 수 있었다.

글쓰기에 발목을 잡은 것은 비단 게으름만이 아니었다. 두려움도 컸다. 이 책을 마무리하면서 나는 한 사람의 죽음을 다시 떠올려야만 했다. 나에게는 2014년 3월 15일 괴한에게 총을 맞아 살해당한 로메오 카팔라라는 벗이 있다. 나보다 스무 살은 더 많은 어른이지만, 기꺼이 벗이 되어주신 분이다. 파나이섬 공정무역단체 PFTC의 의장이었던 그는 햇볕 좋은 토요일 오후, 장모를 모시고 시장에 나갔다가 변을 당했다. 이는 파나이섬을 기반으로 가난한 농민·노동자와 더불어 자립과 연대를 모색해왔던 공정무역조직을 겨냥한 것이었다. 범인은 끝내 잡히지 않았고, 로메오가 떠난 지도 벌써 4년이 흘렀다. 그나마 다행스러운 점은 그가 죽은 후에도 그의 동료들과 생산자들이 위축되지 않고 여전히 공정무역 설탕을 생산해 전 세계의 윤리적 소비자들과 거래하고 있다는 사실이다.

내가 박사학위 논문을 쓸 당시 필리핀은 시민사회활동가나 언론인에 대한 정치적 살해로 악명 높았다. 현재 '필리핀 = 총기사고가 자주 발생하는 위험한 나라'라는 인식의 뿌리에는 공공연하게 자행됐던 정치적 살해가 구조적으로 자리 잡고 있다고 생각한다. 필리핀 정치는 안팎으로 비판받아왔는데, 특히 아로요 전 대통령은 '테러와의 전쟁'을 내세우면서 테러, 살인을 방조하거나 심지어는 활용했다. 이 시기 초사법적 살해에 희생된 이들은 1만 명에 달한다. 그중에는 거리 시위 때 악수를 나누고 사진을 함께 찍었던 인권활동가들도 포함되어 있어 소식을 접한 뒤 한밤중에 홀로 으스스했던 기억이 있다. 당시 시민활동가들은 주로 반정부적 입장과 구호를 내세웠기에 활동가들 스스로도 어느 정도의 위험을 감수하며 활동했다. 사실 나는 공정무역운동이 반정부 활동보다는 좀 더 '온건한 운동'이라고 생각했다. 현재의 정치경제 시스템에 비판적이지만 그걸 무너뜨리겠다는 혁명적 발상이 아니라 농민들의 자구적 경제활동이자 무역활동이니, 그만큼은 위험하지 않은 대안적 운동이라고 생각했다.

그런데 로메오가 살해당했다. 로메오가 죽기 1년 전쯤에는 파나이섬 공정무역운동의 또 다른 지도자인 루스 살리토가 내란 음모죄로 기소당했다. 나는 생각을 바꿀 수밖에 없었다. 온건해 보이기만 했던 공정무역운동이 생산 현장에서는 목숨을 걸어야 할 만큼 기존 질서에 저항하는 일임을 새삼 깨닫게 된 것이다.*

한국에서 공정무역운동이 시작된 지도 햇수로 15년을 넘어섰다. 이 책을 통해 나는 한국의 공정무역이 '착한 무역'이라는 프레임을 넘어서야 한다고 말하고자 했다. 선하고 가난한 생산자가 공정무역 네트워크에 연결되려면 당연히 생산자들을 조직하는 사람과 조직이 필요하다. 그리고 (앞서 언급한 두 활동가가 보여주듯) 종종 그 사람과 조직은 생산국의 맥락에서 '반란죄'라는 명목으로 기소당하거나 정치적 살해를 당할 만큼 큰 위험을 무릅써야 가능한 것이다.

따라서 공정무역은 거래에 앞서 생각을 바꾸는 적극적 마주침이어야 한다. 사회를 변화시키는 운동이어야 한다. 그렇기 때문에 국경을 넘어 사람 대 사람으로서 관계 맺음에 대한 윤리적 성찰을 요구한다. 내가 이 책에서 말하고자 했던 바는 필리핀에서 이러한 공정무역운동이 어떻게 설탕을 매개로 시작됐는지, 어떻게 유지되고 있는지, 운동을 이어가기 위해 생산자와 소비자는 어떤 노력을 기울이고 있는지다.

2014년 3월 한 인터넷 매체에 로메오를 추모하는 글을 기고하면서, 나는 아래의 글로 마무리지었다.

---

* 두 사람에게 정확히 어떤 일이 벌어졌는지는 이 책 말미에 '부록'으로 넣은 두 기고글을 통해 확인할 수 있다.

로메오, 이제는 편히 쉬십시오.

당신이 고향 땅에 뿌린 공정무역의 씨앗을 지키기 위해

저도 힘닿는 대로 뭐든 해보겠습니다.

이 약속을 지켜야 한다는 책무감이 '과연 내가 제대로 전달할 수 있을까?' 두렵고 주저하는 마음을 밀어내고 이 책을 세상에 나오도록 만들었다. 그의 이름을 다시 한 번 불러본다.

로메오, 편히 쉬고 있지요?

이렇게 당신에게 한 약속을 지키게 됐습니다.

이 책을 들고 조만간 당신과 당신이 사랑했던 파나이섬의 생산자들을 만나러 가겠습니다.

마지막으로 출간을 지원해준 서강대 동아연구소와 이 책의 집필을 기다려주고 잘 다듬어준 따비의 박성경 대표, 신수진 편집장, 차소영 편집자에게 다시 한 번 무한한 감사의 마음을 전한다.

2018년 8월

엄은희 씀

루스 살리토의 이야기*

다음 달 1일부터 남양주에서 열릴 '2013 남양주 슬로푸드 국제 대회'에 나에게는 좀 각별한 외국인 벗이 발표자 중 한 명으로 참여한다. 벗의 이름은 루스 살리토. 아직은 특별히 유명할 것 없는 필리핀인이다.

하지만 지난 6월 이후 이 여성을 돕기 위한 움직임이, 한국의 공정무역 진영 한구석에서 조용히 진행됐다. 오늘은 그녀가 올해 겪었던 일을 설명하면서 한국 공정무역이 '착한 무역' 이상이 되어야 할 필요성에 대해 이야기해보려고 한다.

루스 살리토는 1990년 이래로 필리핀 파나이주의 일로일로시

---

* 엄은희, "'착한 설탕' 팔다 '내란 음모'로 엮인 기막힌 사연",《프레시안》, 2013.09.26.

와 오뜬군을 기반으로 유기농 흑설탕 마스코바도를 생산해 전 세계 11개 파트너 조직과 거래하는 일을 해왔다(한국에서는 2008년부터 iCOOP생협이 이들의 파트너로서 마스코바도를 거래해왔다). 1991년에는 파나이공정무역센터PFTC라는 조직을 만들어 대표로 일하다 2001년부터는 파나이공정무역재단FTFP이라는 유관조직을 만들어 그곳 대표로 일해왔다. 이는 일종의 조직적 분화로, 센터는 무역·마케팅에 집중하고 재단은 사회 서비스와 주민(여성) 교육에 집중하기 위한 선택이었다. 1980년대 일로일로에서 KABALKA라는 여성 조직의 대표로 활동해왔던 그녀로서는 본래 역할인 사회 사업가이자 지역 운동가로 되돌아간 것이라 하겠다.

현재 루스는 반란죄rebellion 명목으로 기소된 상태다. 말하자면 간첩단 사건에 연루된 셈이다. 그녀에게 닥친 일의 전모는 이러하다. 2012년 3월 26일, 일로일로 외곽 투벙간Tubungan이라는 곳에서 미등록 총기를 든 괴한들이 필리핀 정규군을 공격했다. 사망자는 없었지만 군인 12명이 다친 이 사건에 대해 군과 경찰은 필리핀 인민군NPA(New People's Army, 공산계 분리주의 전선의 민병대)의 소행으로 규정했고, 이들을 소탕하기 위해 나섰다.

같은 해 9월, 루스는 일로일로 지역 NPA 배후 인물로 지명된 15명 중에 자신의 이름이 있음을 지역 인권단체로부터 전해 들었다. 그녀는 인권변호사를 대동하고서 검찰을 찾아갔지만, 수사가 진행 중인 사건이므로 말해줄 수 있는 것이 없다, 당신이 진짜 연루되어 있다면 조만간 기소장이 갈 것이라는 말만 듣고서 되돌아와야 했다고 한다.

불안한 마음이 없었던 건 아니지만, 루스는 일상생활을 그대로 이어나갔다고 한다. 더욱이 지난 1월 유럽 쪽 공정무역 파트너들의 초청을 받아 공정무역 생산자 대표로서 이탈리아 시민들을 만나기 위해 출국하는 과정에서도 아무런 문제가 없었다. 하지만 지난 4월 30일 루스에게는 반란죄 명목의 체포 영장이 발부됐으며, 불구속 상태로 수사를 받으려면 법원에 20만 필리핀페소(한화 약 580만 원)를 공탁하라는 문서를 받았다.

PFTC는 이 사건을, 2005년 로메오 카팔라 사건의 연장선상으로 보고 있다. 당시 PFTC 대표였던 로메오는 정당한 사유 없이 체포되어 한 달간 감옥살이를 한 적이 있다. 그가 정확한 구금 사유도 알지 못한 채 기약 없는 시간을 보내는 동안, 바깥에서는 그가 언제쯤 풀려날 것인지, 무사하기나 한 것인지 여부조차 알 수 없었다. 이런 전사로 인해 PFTC는 곧바로 유럽 파트너들에게 도움을 청했고, 그들의 도움으로 루스는 보석금을 내고 현재는 감옥 밖에서 언제 끝날지 모를 법정 싸움을 준비하고 있다.

다음은 현지조사 중 일로일로에 소재한 한 호텔에서 루스와 2시간 남짓 나눈 대화를 우리말로 옮긴 것이다. 인터뷰는 6월 5일 현지 시각 오전 10시부터 정오까지 2시간가량 진행됐다.

필자 대체 무슨 일이 있었던 것인가?

루스 메일로 이야기한 그대로다. 반란죄로 기소됐다. 다행히 이탈리아 공정무역기구 CTM의 도움으로 구속은 면했다. 이제 언제 끝날지 모를 법정 싸움을 해야만 한다.

필자 이 사건은 2005년 로메오 사건과 같은 것인가?

루스 본질적으로 같다. 정확하게 PFTC를 만든 후부터 우리는 계속 타깃이 되어왔다. 우리는 공정무역'만' 하는 사람들이 아니다. 출발은 농민운동, 여성운동이었다. 때문에 우리는 처음부터 공정무역에 집중하기보다 민중 조직적인 성격을 함께 갖고자 했다. 공정무역이 필리핀의 모든 문제를 해결할 수는 없다. 공정무역은 그 모든 문제에 비하면 여전히 작은 부분일 뿐이니까. 다시 한 번 말하지만 우리는 토지개혁, 농민운동, 여성권 신장도 함께 신경 쓴다. 게다가 로메오 사건이 다가 아니다. 2007년에도 지역 농민운동단체의 남녀 대표가 한꺼번에 행방불명된 사건이 있었다. 그중 한 명은 PFTC의 생산자조직 중 하나인 KAMADA의 전 대표였다. 그들은 아직도 돌아오지 않았다. 언젠가 내게도 이런 일이 닥치리라고 어렴풋이 생각하고는 있었지만, 지금은 너무 갑작스럽다.

필자 아로요 때의 정치적 살해는 잘 알고 있다. 그러나 지금은 민

족 영웅 니노이와 전 대통령 아키노의 아들인 뇨이뇨이 아키노의
시대가 아닌가?

루스 필리핀에서 정치적 살해는 아직 진행 중이다. 국제적 기준에
서는 금지되었다. 뇨이뇨이는 국제적 수준에 맞춘다고 하고는 있다.
그러나 여전히 진행 중이다. 뉴스에 나오지 않는 사건들이 많다.

필자 당신은 왜 이런 사건에 연루되었다고 생각하는가?

루스 이유를 모르겠다. 그래서 나도 나 스스로를 빙어하기 위해 노
력하는 중이다. 로메오 사건 때, 내가 PFTC의 위원장이었다. (참고
로 PFTC는 생산자 대표와 경영 대표로 구성된 7인의 위원회가 있고, 이 위원
회가 공식적인 최고 기구다) 당시 라디오나 지역신문을 상대로 많이 이
야기했다. 하지만 나는 거리에서 직접 행동을 하는 사람도 아니고
대중연설을 하는 사람도 아니다. 래디컬한 사람들은 따로 있고, 나
는 절대 노출된 행동을 하는 사람이 아니다. 왜 내가 타깃이 되었는
지 나 역시 너무 궁금하다. 정부에 대해 정말로 실망스럽다. 정부는
군대를 전혀 통제하지 못하고 있다. 검사는 그저 스쳐가는 것이고.
배후는 군부라고 생각한다.

하나 걸리는 것이 있기는 하다. 최근 파나이섬에서는 하라우Jalaur
강에 다목적 댐을 짓는 것이 큰 이슈다. 이 강은 파나이에서 두 번
째로 긴 강이다. 일로일로시의 식수와 농업용수가 다 여기서 온다.
그런데 환경단체들이 이 댐 건설지에 활성단층이 있다고 말한다. 원

주민들이 산에서 쫓겨나고, 댐 건설을 명목으로 군사화가 진행 중인 것이다. PFTC의 생산지들도 영향을 받게 된다.

안타깝게도 이 댐 건설에 한국 공적개발원조ODA가 연루되어 있다. 최근 나는 댐 건설에 관해 몇 차례의 토론회와 주민 간담회를 조직하는 일에 관여한 적이 있다. 그럼 점에서 나는 댐 반대 집단 anti-dam group의 일원이다. 하지만 여기에 반란죄를 적용하는 건 가당치 않은 일이다.

필자 명단에 있는 15명 중에 아는 사람이 있는가?

루스 그중 한 명을 두 번 정도 만난 적이 있다. 그도 일로일로의 활동가다. 잘 알지는 못한다. 나는 좌파 정당과 연관된 사람도 아니다.

필자 요새 재단에서는 주로 무슨 일을 하나?

루스 CTM의 도움으로 이탈리아 볼로냐 지방정부에서 소규모 펀드를 받았다. 그것으로 4개 바랑가이에서 홍수에 대비한 훈련 워크숍을 하고 있다. 가난한 이들은 홍수와 같은 재난에 대비할 방법을 모른다. 대책 없이 당하고 만다. 그래서 이들을 교육하고 재난 상황에서 마을 단위로 대응하는 법을 훈련 중이다. 미국 교회를 통해 헌 옷과 학용품 등이 와서 벼룩시장을 열기도 했다.

미행이 붙을 것을 염려해, 1시간 반 남짓 내가 머물던 호텔에서 루스와 인터뷰를 한 후 나는 한국의 파트너인 iCOOP생협 조합원

과 한국의 공정무역 단체들에게 보내는 5분 남짓의 동영상을 촬영
했다. 이 영상은 다음과 같은 내용을 담고 있다.*

안녕하세요. 당신들에게 따뜻한 인사말을 전합니다.

당신들에게 메시지를 보내는 이 순간 마음이 매우 복잡합니다.
저는 지금 한 사건에 얽혀 있습니다. 저는 필리핀군으로부터 '반란
죄' 명목으로 기소되었고 현재 보석 상태로 구속이 유예된 상태입
니다. 2012년 3월 이곳에서는 경찰과 반군 사이에 총격전이 있었는
데, 군은 이 사건에 파나이의 다른 이들과 함께 제가 연루되어 있다
고 합니다. 하지만 사건이 발생한 그 시각에 저는 파나이무역산업
부 건물 내에 있는 사무실에서 일을 하고 있었습니다.

저는 제게 발생한 일로 인해 아주 큰 절망감을 느낍니다. 저는 반
란죄로 기소됐지만 다행히 이탈리아의 공정무역 파트너인 CTM이
보석금을 지원해주어서 수감된 상태는 아닙니다. 저는 마음속 깊은
곳에서 스스로에게 이렇게 말하곤 합니다. "지금 내가 처한 상황에
대해 나는 후회하지 않는다. 나는 진실의 편에 서 있다." 저는 반란
죄를 저지르지 않았습니다. 지난 30년 동안 저는 한결같이 공정무
역 상품을 개발하고 그에 대한 인식을 제고할 수 있는 활동을 펼쳐

* 영상은 다음 링크에서 볼 수 있다. https://www.youtube.com/watch?v=fL2R3pZTT5s&featu
re=youtu.be.

왔습니다.

저는 공정무역이 이곳 파나이와 지구상의 가난한 민중들의 삶을 개선시킬 수 있는 매우 가능성 있는 과제 중 하나라고 생각합니다. 발전이란 민중이 중심인 곳에서 그리고 민중이 스스로를 책임질 수 있는 곳에서 이루어질 수 있다고 믿습니다. 저는 변화에 편에 서 있고 변화를 옹호하는 사람입니다.

지금까지 당신들이 접했을 필리핀에 대한 정보는, 어쩌면 여기에서 실제로 일어나는 일과는 전혀 다를 수 있습니다. 때문에 저는 제 사건이 한국 시민들에게 하나의 도전적인 사례가 될 수 있으리라 생각합니다. 지금 이곳에서 일어나는 일들의 진실을 좀 더 깊숙이 봐주십시오.

필리핀에는 많은 문제가 있습니다. 물론 한국에도 많은 문제가 있겠지요. 하지만 우리는 서로를 배워야 하고, 다양한 문제를 발생시키는 뿌리를 향해 일정 부분 깊이 파고들어야 할 것입니다. 그 뿌리는 현재 우리가 살아가고 있는 이곳에서 발생하는 문제들과 맞닿아 있습니다.

저의 가족과 친구들은 제게 닥친 이 시련이 곧 극복되기만을 바라고 있습니다. 그들은 제가 이런 일을 겪을 사람이 아님을 잘 알고 있습니다. 저는 지금까지 제가 했던 행동들이 이 땅의 민중들을 위한 것이라 믿고, 앞으로도 그 일을 계속해나갈 것입니다.

한국의 공정무역단체에 메시지를 보내는 루스 살리토 ⓒ엄은희

한국 소비자들과 전 세계의 공정무역기구가 이 사건의 초기 단계에서부터 저를 지원하고 있음을 감사하게 생각합니다. 당신들은 제가 하고 있는 일이, 당신들과 함께 하고 있는 이 일이 옳다는 사실을 이미 잘 알고 계실 겁니다.

저는 우리가 이 문제를 함께 잘 극복하리라 기대합니다. 당신과 저, 우리는 가난한 이들과 억압받는 이들을 위해 연대하는 사람들입니다. 이 사건에 관심을 가져줄 당신들에게 다시 한 번 감사의 마음을 전합니다.

인터뷰가 진행 중이던 어느 시점부터 루스의 눈가에는 눈물이 고였고, 영상 촬영을 마친 후 50대 활동가인 그녀는 한참은 어린 나를 앞에 두고 울기 시작했다. 단순히 감옥에 갇힐 것이 두렵기 때문만은 아니었을 것이다. 루스 자신이 30년간 해온 활동들, 특히 파나이섬의 여성빈민들을 위한 삶이 송두리째 부정당했기 때문에, 그런 상황에서도 놓고 싶지 않은 필리핀 민중에 대한 애정 때문에 눈물 흘렸을 것이다.

나는 루스 살리토라는 공정무역 활동가가 처한 상황이 (인터뷰에서 루스도 말했듯이) 우리 사회에 하나의 도전이기를 바란다. 그 길은 공정무역 상품 소비지 이곳 한국에서, '공정무역 = 착한 무역'의 프레임 너머를 보는 데서 출발할 수 있다고 본다.

선하고 가난한 생산자가 공정무역 네트워크에 연결되려면 당연히 그 생산자들을 조직하는 사람과 조직이 필요하다. 그리고 지금 루스가 처한 상황이 증언하듯, 종종 그 사람과 조직은 생산국의 맥락에서 '반란죄' 명목으로 기소될 만큼 큰 위험을 무릅써야 한다. 따라서 공정무역은 거래에 앞서 운동이어야 한다. 만남이어야 한다. 사람 대 사람으로서의 관계 맺음에 대한 윤리적 사고의 결과여야 한다.

영상을 촬영한 후 루스가 남긴 말을 좀 더 전달해본다.

필자 좋은 메시지를 보내주어서 감사하다. 더 할 말은 없나?

루스 우리는 지난 20~30년간 파나이 주민을 위해 일해왔다. 하지만 이들은 점점 더 가난해지고만 있다. 고통의 하한선은 계속 낮아지고 있고, 여성들은 해외나 마닐라로 떠나고 있다. 가정부가 되기 위해서. 정부는 이들을 그저 달러벌이로 만들고 있다. 필리핀은 가난한가? 아니, 정부는, 공무원은 절대 가난하지 않다. 필리핀은 광물을 비롯한 자원이 많은 나라다. 직업을 만들면 여성들은 가족을 떠나지 않고도 일자리를 찾을 수 있다. 국가의 산업 구조가 우리 사람들을 위한 구조로 바뀌었으면 좋겠다. 그런데 내가, 우리가 받은 결과가 이것이라는 게 너무 슬프다. 그렇지만 걱정보다도 희망이 나를 감싸고 있음을 느낀다.

내가 겪은 사건을 계기로, 우리의 관계가 추상적인 차원에서 더 깊어지기를 바란다. 이 관계가 지속되기 위해서는 서로에 대한 이해와 한 단계 높은 임파워먼트가 필요하다. 경제적 측면을 넘어, 우리의 맥락을 이해하기 위해 더 다가와달라.

공정무역은 사람들의 이해를 위한 것을 넘어 진정한 변화를 위한 것이다. 공정무역을 시작할 때 우리는 정말 오랫동안 공정무역이 무엇인지, 왜 우리가 해야 하는지, 왜 파나이섬에서 이 일을 하고자 하는지 이야기했다. 그들을 돕지만, 궁극적으로는 자조가 원칙이 되어야 한다.

무너지지 않기 위해, 겁먹지 않기 위해 나는 매일 밤 기도한다. 적절한 시기에 나를 찾아와줘서 정말 고맙다.

로메오 카팔라 이야기*

열흘 전 페이스북을 통해 PFTC 의장인 로메오 카팔라가 총격으로 사망했다는 소식을 접했다. 사건은 2014년 3월 15일 토요일 저녁 무렵, 파나이섬 일로일로주 오똔군 공설시장 앞에서 발생했다. 외국에 있는 부인을 대신해 91세의 장모와 저녁거리를 마련하러 나온 길에 닥친 불행이었다.

그의 죽음은, 아로요 집권기에 악명 높았던 정치적 살해 행위와 수법이 동일했다. 복면이나 헬맷으로 얼굴을 가린 괴한 2명이 오토바이를 타고 접근해 총격을 가했다. 로메오는 총격 직후 병원으로 이송됐지만, 할 수 있는 일은 사망선고뿐이었다. 범인은 아직 윤곽도 잡히지 않은 상태다.

* 엄은희, "필리핀 공정무역 활동가에게 총 쏜 자, 누구인가?", 《프레시안》, 2014.03.27.

2010년 12월 AFTC 설탕공장 착공식날의 로메오 ⓒ남종영

총격사건 발생 2시간 후에는 PFTC의 우산 아래에 있는 마스코바도 생산조직 중 하나인 KAMADA 공장에 여러 명의 무장 괴한이 침입해 공장 건물과 트럭, 사탕수수 건초더미에 불을 지른 후 달아났다. 로메오 살해에 이어 마스코바도 공장 방화로 미루어볼 때, 이들 사건이 겨냥하는 대상은 분명하다. PFTC. 파나이섬을 기반으로 가난한 농민·노동자와 더불어 자립과 연대의 꿈을 실천해왔던 공정무역조직 바로 그 자체다.

필자는 《프레시안》의 다른 지면을 통해 PFTC 설립자인 루스 살리토라는 여성이 반역죄를 뒤집어쓴 사건을 소개하면서, 한국의 공정무역운동이 '착한 무역'을 넘어 연대를 위한 노력을 좀 더 해보자고, 상품을 제값에 들여오는 것만이 아니라 그 사회의 정치사회적 문제도 함께 보자고 제안한 바 있다.

유럽과 한국의 공정무역단체들의 지원이 얼마나 도움이 됐을지 모르겠으나, 다행히 루스에게 씌워졌던 반역죄 사건은 (물론 아직 끝난 것은 아니지만) 일단 수면 아래로 가라앉은 듯하다. 연말연초를 무사히 넘기면서 이제 파나이에 큰 불상사는 없겠거니 생각했는데, 로메오 살해사건은 주민 조직화를 위해 노력하던 현장 활동가들에 대한 공격이 아직 끝나지 않았음을 충격적으로 절감케 했다.

필리핀에서의 정치적 살해는 매우 악명 높다. 이 초법적 살인사건들은 아로요 집권 이후 가파르게 증가했는데, 아로요는 집권 이후 미국의 '테러와의 전쟁'을 적극적으로 지지하면서 필리핀판 테러와의 전쟁인 '반란 예방 프로그램Counter-Insurgency Program'을 선언했고, 그때부터 죽음의 행렬이 이어지고 있다. 2010년 인권단체 진상위원회가 밝힌 바에 따르면 2001~2010년 사이 일어난 정치적 살해, 실종, 경찰과 군에 의한 강제 구인 및 고문 사건은 총 1,200건이 넘는다. 필리핀 각지에서 이런 사건들이 일주일에 2~3건씩 아로요 집권 10년 동안 일어났던 것이다.

이렇게 희생된 사람들은 주로 진보 진영 정치인, NGO 활동가, 언론인, 인권운동가들이었다. 생명은 소중하다며 피임이며 낙태를 제한하는 가톨릭국가 필리핀인데, 어느덧 이 죽음의 리스트에는 성직자들도 포함되기 시작했다. 주로 지방에서 발생했던 정치적 살해 행위는 2005년을 기점으로 마닐라 인근에서도 벌어지기 시작하면서 2006년에 정점에 달했다.

죽었다고 끝나는 것이 아니다. 사건 발생 직후에는 보수적인 지방 일간지들이 "살해당한 사람들이 사실은 필리핀인민군NPA(New People's Army) 혹은 필리핀 남부 다바오섬의 산악지대를 근거로 활동하는 모로이슬람해방전선MILF(Moro Islamic Liberation Front)과 관련이 있다"는 확인되지 않은 내용의 기사를 내보내면서 고인의 명예를 훼손하는 2차 가해도 이어졌다. 로메오도 마찬가지였다. 보수적인 지방 일간지들은 "파나이섬 NPA 그룹의 숨겨진 지도자, 카팔라의 죽음"이라는 타이틀을 단 기사를 버젓이 내보냄으로써 고인과 PFTC에 대한 2차 가해를 서슴지 않았다.

이 같은 초법적 살해사건의 발생 빈도며 희생자가 심각한 수준에 이르자 국제사회의 수많은 인권단체들, 나아가 UN과 필리핀 우방국인 미국 정부까지도 필리핀 정부가 일련의 살인사건을 멈추기 위한 노력을 방기하고 있다고 공식적으로 비난했다. UN은 특별 수사관을 파견하기도 했는데, 수사관이 작성한 보고서에는 "죽음의 상당수가 정부의 반란 예방 프로그램과 연계되어 있음"을 암시하는 내용이 담겨 있다.

국내외 시민사회와 우방의 압력이 심해지자 2006년 아로요 정부도 조사위원회를 구성하겠다는 대통령 긴급 성명을 발표했다. 하지만 정치적으로 자유로울 수 없었던 조사위원회는 1년간 활동한 끝에 114건의 저격사건 중 절반 정도를 기각하고 58건만 정치적 살인으로 인정했다. 저격 혐의로 체포된 범인은 단 3명에 불과했다. 조사위원회 발표 직후 필리핀군은 "반란 예방 프로그램은 성공적이며, 중부 및 남부 산악지대의 공산반군의 활동이 눈에 띄게 줄었음"을 자랑스럽게 발표했다. 이 와중에도 죽음의 행렬은 이어졌고, 군은 2010년 아로요가 퇴임한 후에야 반란 예방 프로그램을 중단한다고 발표했다.

정치적 살해의 배후에는 전 대통령 글로리아 아로요가 있다. 필리핀 정계의 난맥상을 보는 데 아로요만큼 좋은 샘플이 없다. 전직 대통령의 딸인 아로요는 부통령으로 선출됐지만 에스트라다 대통령이 부정부패 혐의로 탄핵된 뒤 대통령직을 승계, 재선을 거쳐 총 10년간 권좌를 지켰다. 재임기간 중엔 반민중적 신자유주의 노선으로 민심을 잃었을 뿐만 아니라 부정선거, 선거자금 유용, 뇌물 수수 등 온갖 비리와 추문도 끊이지 않았다. 대통령 임기를 1년 앞두고서는 정계 은퇴가 아닌 하원 선거 입후보를 선언했는데, 여러 논란이 있었지만 퇴임 한 달 전 선거에서 승리하더니 대통령직 인수인계가 끝나자마자 하원의원직 수락 선서를 하는, 정말이지 이해하기 힘든 정치적 행보를 보이기도 했다.

하지만 2011년 재임 중 저지른 비리사건의 전모가 드러나 체포영장이 발부됐고, 휠체어를 탄 채 출국을 시도하다 체포되는 모습이 생중계되기도 했다. 이렇게 그녀도 권불십년인가보다 싶었는데, 그녀가 간 곳은 감옥이 아니라 병원이었다. 희귀병을 이유로 7개월 가까이 병상에 누워 비난 여론이 가라앉기를 기다렸을 뿐이다. 2012년에도 공금 유용 논란이 번졌지만, 그녀는 2013년 5월 중간선거에서 팜팡가 하원의원으로 재선에 성공했다. 또 다른 논란이 번질 조짐이 보이자 지난 12월 다시 병원행을 택했다는 소식이 있었는데, 후속 보도가 없는 것으로 보아 그녀의 무법자적 질주는 끝날 가능성이 없어 보인다.

그런데 더 큰 문제는 '리틀 아로요'들이 필리핀 곳곳을 장악하고 있다는 점이다. 대부분의 선출직 단체장과 상하원 의원은 지역별 세도가의 가족들이 나눠서 차지하고 있다. 이들은 지역의 군, 경찰, 검사 측들과 갖가지 이해관계로 얽히고설켜 있으나 그런 상황은 개선의 기미를 찾을 수 없을 만큼 딱딱하게 구조의 일부가 되어 있다.

아로요는 물러났지만, 정치적 살인은 여전히 지속되고 있다. 필리핀의 인권단체 카라파탄은 로메오 사건을 올해 발생한 11번째 정치적 살해 사건이라 선언하며, 아키노 정부에 이러한 죽음을 막을 행동을 촉구한 바 있다.

소위 필리핀의 정치엘리트들과 비교하면 로메오 카팔라 의장의 삶은 너무나 고귀했다. 필자는 2009년 8월 현지조사차 PFTC와 접촉한 이후 거의 1년에 한 번은 파나이를 방문했다. 방문할 때마다 PFTC의 변함없는 헌신에 감탄했다. 이렇게 훌륭한 조직을 공정무역 파트너로 삼게 된 것은 iCOOP생협에게 얼마나 행운인가!

현지에 있는 동안 로메오 집안이 대단하며, 그가 이렇게 살지 않아도 되는 사람이라는 이야기를 몇 차례 들었다. 로메오가 죽음을 맞은 후 기사를 보니 그의 큰형은 전직 다바오 대주교였다. 의사 면허가 있는 그의 부인은 현재 캐나다 대형병원에서 간호사로 일하고 있다. 필리핀 두뇌 유출의 슬픈 단면이다.

그와 함께했던 한 술자리에서 물어본 적이 있다. 부인에게 캐나다 시민권이 있다고 들었는데, 그곳으로 갈 생각은 없냐고. 그가 웃으며 말했다. 자신은 고향이 좋다고, 벗들과 함께 이곳을 행복하게 만들어가고 싶다고. iCOOP생협의 지원으로 설립된 AFTC 마스코바도 공장 착공식장에서 이빨 빠진 동네 할머니와 손잡고 박수치며 춤추던 로메오의 모습이 아직까지도 내 머릿속에 선명히 남아 있다.

그는 지난 3월 23일, 그가 27년 동안 헌신했던 PFTC 소속 농민과 노동자 5,000여 명이 참석한 가운데 고향의 공동묘지에 묻혔다. 장례식이 거행된 성당에서 묘지까지 간간이 내리던 빗속에서 1시간 이상을 걸으며 로메오의 마지막을 지켜준 그들은 'Justice for Romeo Capalla'라는 글귀가 새겨진 옷을 갖춰 입었다.

그의 죽음의 진상을 밝히는 일, 남은 활동가들의 안전 보장과 파나이에서 차근차근 뿌려져온 공정무역의 씨앗을 지키고 가꾸는 일은 이제부터가 시작이다. 우리가 할 수 있는 일은 제한적이다. 그럼에도 서명에 참여하는 것, 모금에 참여하는 것, 마스코바도 설탕 한 봉지 더 사는 것에서부터 시작할 수밖에.

3월 26일 오전에는 이태원의 필리핀 대사관 앞에서 로메오 살인 사건의 진상을 밝히는 데 필리핀 정부의 책임 있는 행동을 촉구하는 집회가 열렸다. iCOOP생협을 포함한 공정무역단체 관련자들

이 마련한 자리였다. 직장 때문에 참석하지 못한 나는, 내내 마음
이 무거웠다. 이 글을 씀으로써 나는 내 방식대로 로메오에게 작별
을 고해야겠다.

로메오, 이제는 편히 쉬십시오. 당신이 고향 땅에 뿌린 공정무역
의 씨앗을 지키기 위해 저도 힘닿는 대로 뭐든 해보겠습니다.

참고문헌

기사

윤현, "미국의 '51번째 주'가 되고 싶은 푸에르토리코",《오마이뉴스》, 2017.06.11.
엄은희, "'착한 설탕' 팔다 '내란 음모'로 엮인 기막힌 사연",《프레시안》, 2013.09.26.
_____, "필리핀 민중의 벗이었던 한 공정무역 활동가를 보내며",《프레시안》,
      2014.03.27.
_____, "공정무역의 상징, 물따뚤리 박물관 반뜬에 개관",《데일리인도네시아》,
      2018.02.27.

한국어 논저

가와기타 미노루,《설탕의 세계사》, 장미화 옮김, 좋은책만들기, 2003.
곽문환,〈18세기 설탕산업, 노예무역 그리고 영국 자본주의〉,《사림》 22, 2004, pp.
      147~177.
권오신,〈대공황, 미국의 필리핀 식민통치 변형〉,《미국사연구》 9, 1999, pp. 121~147.
_____,〈영국의 필리핀 점령과 지배(1762.10~1764.3): '7년 전쟁'의 파편〉,《아시아연구》
      15(3), 2012, pp. 135~167.
김기섭,〈설탕이 지니는 관계적 의미〉, 2003년 제3차 해외연수 보고서, 생협수도권연합
      회, 2003, pp. 12~16.
김동택,〈필리핀 저발전의 원인: 사회구성체와 세계체제적 요인을 중심으로〉,《동남아
      시아연구》 1, 1992, pp. 75~103.
김민정,〈필리핀의 정치 위기와 여성 리더십: 아키노와 아로요의 비교〉,《동남아시아연
      구》 16(2), 2006, pp. 73~214.

김한수,《프레이리 선생님, 어떻게 수업할까요?》, 학이시습, 2018.

데이비드 랜섬,《공정한 무역, 가능한 일인가?》, 장윤정 옮김, 이후, 2007.

박광섭, 〈필리핀인의 문화적 정체성과 특성〉,《아시아연구》1, 1999, pp. 53~78.

박승우, 〈1960-70년대 필리핀의 농업 생산체제와 농촌 사회의 구조변화: 미작과 사탕
  수수 부문을 중심으로〉,《농촌사회》8, 1998, pp. 186~217.

_____, 〈식민지 지배하의 한국과 필리핀의 농업 부문을 중심으로 한 사회경제적 변화
  와 그 의미〉,《사회문화논총》8, 1993, pp. 109~134.

_____, 〈필리핀의 과두제 민주주의: 정치적 독점의 해체 없는 민주화〉,《민주사회와정
  책연구》12, 2007, pp. 93~130.

_____, 〈필리핀의 설탕과 코코넛 부문의 기원과 그 생산 체제〉,《인문연구》19(2),
  1998, pp. 159~187.

_____, 〈한국과 필리핀의 전후 농업의 구조변화와 산업자본주의 발전의 비교연구〉,
  《농촌사회》4, 1994, pp. 241~270.

박정현·김동엽·리노 바론,《한국-필리핀 교류사》, 폴리테이아, 2015.

서지원,《베네딕트 앤더슨》, 커뮤니케이션북스, 2018.

시드니 민츠,《설탕과 권력》, 김문호 옮김, 지호, 1998.

얀 다우 판 더르 플루흐,《농민과 농업》, 김정섭·유찬희 옮김, 따비, 2018.

엄은희, 〈공정무역 생산자의 조직화와 국제적 관계망: 필리핀 마스코바도 생산자조직
  을 사례로〉,《공간과사회》33, 2010, pp. 143~182.

_____, 〈필리핀 까비테주 로컬정보: 까비테의 경제특구와 한국기업의 활동〉,《로컬이
  슈페이퍼》2, 서울대학교 사회과학연구원 비교문화연구소 신흥지역연구사업
  단, 2018.

_____,《공정무역을 통한 지역사회 역량강화: iCOOP생협과 PFTC/AFTC의 파트너
  십 연구》, iCOOP협동조합연구소, 2014.

이은희,《설탕, 근대의 혁명》, 지식산업사, 2018.

임영신, 〈한국 공정무역마을 현황 및 도전과제〉,《공정무역 도시, 서울 달성 기념 국
  제포럼 '공정무역마을 운동의 어제, 오늘 그리고 내일' 자료집》, 2018, pp.
  87~107.

장승권·김선화·조수미·김한태,《서울시 공정무역 현황 및 공정무역도시 전략 연구》,

쿠피협동조합, 2015.

정법모·김동엽, 〈필리핀 2016: 선거와 경제발전 그리고 자주외교〉,《동남아시아연구》 27(2), 2017, pp. 273~295.

정상원, 〈설탕에 대한 7가지 질문〉,《식품산업과영양》 22(1), 2017, pp. 29~32.

조완석, 〈공정무역도시 서울 달성과정 및 성과〉,《공정무역 도시, 서울 달성 기념 국제포럼 '공정무역마을 운동의 어제, 오늘 그리고 내일' 자료집》, 2018. pp. 108~118.

최병욱,《동남아시아사: 전통시대》(개정판), 산인, 2015.

최세균·어명근, 〈농산물 및 식품 관련 관세체계 개편에 관한 연구〉,《농촌경제》 21(4), 한국농촌경제연구원, 1998.

타데우스 마쿨스키, 〈세계 공정무역마을 현황 및 도전과제〉,《공정무역 도시, 서울 달성 기념 국제포럼 '공정무역마을 운동의 어제, 오늘 그리고 내일' 자료집》, 2018, pp. 76~86.

프란스 판 데어 호프·니코 로전,《희망을 키우는 착한 소비》, 김영중 옮김, 서해문집, 2008.

외국어 논저

Anderson, B., Cacique Democracy in the Philippines: Origins and Dreams, *New Left Review* I (169), May-June 1988.

Aquilar, F. V., *The Making of Cane Sugar*, La Salle Social Research Center, 1984.

Billing, M. S., *Barons, Brokers, and Buyers: The Institutions and Cultures of Philippine Sugar*, University of Hawaii' Press, 2003.

Boyce, J. K., *The Political Economy of Growth and Impoverishment in the Marcos Era*, Ateneno de Manila University, 1993.

Corpuz, O. D., *The Philippines Today, A Cultural Dualism*, National Book Store, 1981.

Fairtrade International, [Annual Report 2016-2017] Creating Innovations, Scaling up Impact, 2017.

Friend, T., The Philippine Sugar Industry and the Politics of Independence 1929–1935, *The Journal of Asian Studies* 22, 1963, pp. 179~192.

Gonzaga, V. L., Capital expansion frontier development and the rise of monocrop economy in Negros(1850-1898), Occasional paper/SRC-Negrense Studies' Program; no. 1, 1987.

Hayami. Y., Kasupong in Central Luzon, *Department of Agricultural Economics Paper* No. 87-22, IRRI, 1987.

Lopez-Gonzago. V., Landlessness, Insurgency and the Food Crisis in Negros, *Philippine Quarterly of Third World Studies* 4(1), 1988, pp. 53~59.

Nagano, Y., The oligopolistic structure of the Philippine sugar industry during the great depression, The world sugar economy in war and depression, 1988.

Nicholls. A. and Opal, C., *Fair Trade: Market-Driven Ethical Consumption*, Thousand Oaks, Sage Publications, 2004.

Raquiza, A., The BPO Industry and the Philippine Trade in Services: Boon or Bane?, in Lambregts, B., Beerepoot, N. and Kloosterman(Eds.), *The Local Impact of Globalization in South and Southeast Asia*, Routledge, 2015, pp. 46~59.

Redfern, A. and Snedker, P., *Creating Market Opportunities for Small Enterprises: Experiences of the Fair Trade Movement*, ILO, 2002.

Scott, William Henry, *Barangay, Sixteenth-Century Philippine Culture and Society*, Ateneo De Manila University Press, 1994.

St-Pierre, E., *Fair Trade: A Human Journey*, Les Editions de I'Homme, 2010.

Sugar Regulation Administration(SRA), *History of Philippine Sugar*, 2013.

USDA, Sugar: World Markets and Trade, *Foreign Agricultural Service in United States Department of Agriculture*, May 2018.

Velly. L., Fair trade and mainstreaming, *Handbook of Research on Fair Trade*, 2015.

WFTO and FIT, A Charter of Fair Trade Principles, 2009.

따비음식學 003

흑설탕이 아니라 마스코바도
필리핀 빈농의 설탕이 공정무역 상품이 되기까지

지은이 엄은희

초판 1쇄 발행 2018년 8월 30일
초판 2쇄 발행 2019년 9월 1일

펴낸곳 도서출판 따비
펴낸이 박성경
편집 신수진, 차소영
디자인 이수정

출판등록 2009년 5월 4일 제2010-000256호
주소 서울시 마포구 월드컵로28길 6(성산동, 3층)
전화 02-326-3897
팩스 02-337-3897
메일 tabibooks@hotmail.com
인쇄·제본 영신사

엄은희 ⓒ 2018

ISBN 978-89-98439-52-1 93300
값 16,000원

이 책은 2008년 정부(교육과학기술부)의 재원으로 한국연구재단의 지원을 받아
서강대학교 동아연구소 인문한국지원사업의 일환으로 수행된 연구 결과입니다.
(NRF-362-2008-1-B00018).